Heinrich Schütz

Franken Niemal im bayerschen Nordgaue

Heinrich Schütz

Franken Niemal im bayerschen Nordgaue

ISBN/EAN: 9783743698857

Hergestellt in Europa, USA, Kanada, Australien, Japan

Cover: Foto ©ninafisch / pixelio.de

Weitere Bücher finden Sie auf **www.hansebooks.com**

Franken
Niemal im bayerschen Nordgaue.

Eine kritische Untersuchung
Gegen eine Abhandlung
Der Churbayerschen Akademie der Wißenschaften.
Von E. Ch. St.

Getrukt in Franken, auf Coſten des Verfaßers. 1764.

Nemo novum terminum sine consensu partis alterius, aut sine Inspectore constituat.
>*Leg. Bajuvar. Tit. XI. cap. 4.*

Niemal soll man die Haue zu weit werfen: am wenigsten aber, wenn man glaubet Beruf zu haben, sich in die heikelen Gefilde der Geschichte hinein zu wagen. Wer in historischen Abhandlungen mit breisten Vergrößerungen um sich wirft, und uns mehr erzählen will, als wahr ist: der muß sichs gefallen lassen, wann er bey Kunstrichtern in Verdacht geräth, ob er sich wohl in den Denkmälern der Alten umgesehen: oder ob ihm nicht etwa gar eigennützige Absichten die Feder geführet, und so etwas zu Papier gebracht haben, das mehr nach unzeitiger Ubereilung, als nach reifer Uberlegung schmeket. Eine Schrift läuft gleiche Gefahr, sie mag nun Gelegenheit geben, sich auf Mangel und Abgange: oder aber auf Uberfluße und übertriebenem Wesen, betretten zu lassen.

Gegenwärtige Untersuchung ist nicht aufgesetzet worden, den Glanz zu verdunkeln, welchen eine unter den schönen Schriften der Churbayerschen Akademie der Wissenschaften befindliche Abhandlung, durch den zufälligen Schimmer einer blendenden Neuigkeit, mag verbreitet haben. Ich wollte nur meine Ge‐

dan‐

danken über den Innhalt dieser Schrift bekannt machen, und meine billige Verwunderung an den Tag legen, daß uns der Hr. Verfasser den alten bayerschen Nordgau so groß hat vormalen wollen, daß er es auf seine Verantwortung genommen, nicht nur einen beträchtlichen Theil von Schwaben, nebst der obern Pfalz biß an den Wald und die Berge von Böhmen: sondern so gar ganz Franken biß an den Speßart und die maynzischen Gränzen, in einen und den nämlichen alten Nordgau zusammen zu schweissen. Mich dünkt, dieß sey zu weit gegangen: und meine Gründe müßen den Ausschlag geben. Sollten sie stark genung seyn, den Hr. Verfaßer von seiner Geographischen Entzükung, die ihn so weit mit hingenommen, wieder zu sich selber und auf die wahrscheinlichere Gränzlinie des alten Nordgaues zu bringen; dörften sie nicht vergebens unter die Preß gekommen seyn.

Erster Abschnitt.
Vorläufige Anmerkungen

I §.

WIll man in Unterſuchung der Gränzen des alten Nordgaues auf etwas gebähnteren Wegen einhergehen; muß man es als eine ausgemachte Sache zum Voraus ſetzen/ daß man zu allen Zeiten den Nordgau ſelbſt für einen Theil von Bayern/ und deſſen nördlichen Pagus angeſehen hat/ alſo zwar/ daß er nicht nur von den älteſten Schriftſtellern/ ſondern von Kaiſer Karl dem Großen ſelbſt unter die Oerter der Bojarier gezählet werden:

Der Heil. Ludgerus in dem Leben des Heil. Gregorius von Utrecht/ drücket ſich ſo aus: *Wilibaldus electus Dei Antiſtes episcopatum, quod vocatur Hehſtadi, in parte proxima nobis Bagoariorum, id eſt in Nordgoe, erigens melioravit & cuſtodivit* (a)

Bey einem überaus alten Verfaſſer des Lebens des Heil. Wilibalds heißt es: *eras igitur eidem Archiepiscopo* (dem Heil. Bonifacius) *in finibus Bojoariæ locus Eichſtatt dictus.* (b)

Die Heidenheimer Nonne/ eine Zeitgenoße des Heil. Wilibalds bezeuget in dem Leben dieses Heiligen: late illi (Wilbald und seine Gesellen) *per vastam Bajoariorum provinciam aratra trudendo* u. f. w. (c)

Reginbold der eilfte eichstädtische Bischof stimmet gleichfalls mit ein: *ut quam illa (Angelsachsen) meruit habere per naturam, Bojaria mereretur habere per naturam, Bojaria mereretur habere per gratiam.* (Dei)

Wenn nun Ludgerus/ ein Zeitgenoß/ bezeuget/ der Heil. Wilibald habe im Nordgaue ein Bißthum errichtet: was folget/ als/ daß eben diese Nordgäuer jene Bayern gewesen sind/ von welchen der unbekannte Lebensbeschreiber/ die Heidenheimer Nonne/ und Reginbold in dem Leben des Heil. Wilibalds Meldung gethan.

(a) Act. SS. Tom. I. Jun. pag. 486. n. 12. Tom. V. Aug. p. 258. n. 13.
(b) Act. SS. Tom. II. Jul. p. 516. n. 19. Henr. Canis. T. IV. antiq. Lect. 1. Edit. Ingolst. pag. 704. & 717.
(c) Act. SS. Tom. II. Jul. pag. 511. n. 45. Henr. Canis. libr. cit. p. 513.
(d) Henr. Canis. l. c. p. 695.

2 §.

Mit diesen Zeugnißen kömmt die Theilungsurkunde/ in welcher Karl der Große seine Reiche unter seine Söhne vertheilet/ aufs genaueste überein: *Bajoariam, sicut Tassilo tenuit, (exceptis duabus villis, quarum nomina sunt Ingoldestat, & Lustrabatos, quas nos quidem Tassiloni beneficiavimus, & pertinent ad pagum, qui dicitur Nortgauue) - - Pipino dilecto filio nostro - Frisiam, & partem Bajoariæ, quæ dicitur Northgouu, dilecto filio nostro Karolo concessimus.* (a)

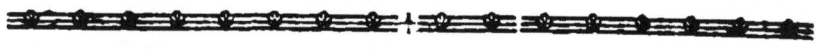

Wenn dann/ selbst nach dem Ausspruche K. Karls/ der Nordgau nur ein Theil nur ein Pagus von Bayern war: so erweist ja so gar der Namen/ die Würde/ die Herrlichkeit eines Herzogthumes oder Reiches/ daß dieser Theil/ dieser Pagus dem Bayerschen Herzogthume oder Königreiche viel/ sehr viel muß nachgegeben haben.

(a) Annal. Franc. apud Pithoeum p. 284.

3 §.

Will man nun die Gränzen des alten Nordgaues nach dem Maaßstabe der academischen Abhandlung bestimmen: will man den Brenzgau nebst Gundelfingen und Harlanten (welche beyde Oerter der H. Verfasser bis in Schwaben überträgt) will man die Gebiethe von Dillingen und Elwangen; der Rieser und Sualafelder Pagus; die Bißthümer Würzburg/ Babenberg und Lichstädt; die Fürstenthümer Kulmbach und Coburg: will man das Nürnberger Gebieth samt der obern Pfalz und dem heutigen Nordgaue zu dem alten nördlichen Pagus von Bayern zählen/und einerseits die Gränzlinie von einem beträchtlichen Theile des ißigen Schwaben bis an den Speßarterwald: andrerseits durch Franken und die obere Pfalz biß an die Gränzen des Böhmerwaldes hinan ziehen; muß wohl ein riesenmäßiger Pagus heraus kommen/ dessen Größe und Weitschichtigkeit so wenig Verhältniß mit seinem Ganzen habe/ daß er nicht nur das ißige Herzogthum Bayern weit übertreffen/ sondern wohl gar der alten bayerschen Provinz gleich kommen dörfte.

4 §.

Ober machte denn nicht die Ens die östliche Gränze des alten Bayern aus? so sagen es wenigstens die laurisheimischen Jahrbücher auf das Jahr 791. *Prima castra super Anisum posita sunt; nam is fluvius inter Bajoariorum atque Hunnorum terminos medius currens certus duorum regnorum limes habebatur.* (a) bestimmten nicht die Gebirge Italiens seine südliche? Man kann es aus Aribons Lebensbeschreibung des Heil. Corbiniani (b) und dem Arnulph von St. Emmeram in dem Leben eben dieses Heiligen/ klar genung abnehmen. Gegen Abend sonderte es der Lech von Alemannien ab. Dieß bezeiget der nazarianische Annalist auf das Jahr 787. (c) und noch deutlicher der von Laurisheim auf das nämliche Jahr: *Lechum fluvium, qui Alamannos & Bajoarios dirimit* (d) Endlich erstreckte sich Bayern gegen Norden biß an die Donau/ und eben dieser Strom sonderte es von dem großen Deutschlande ab. So berichtet uns Walfried Strabo in der Vorrede zur Lebens=Geschichte des Heil. Gallus bey dem Surius. (e) und schon vor Walfrieden Paulus der Diakon. (f) *Noricorum provincia, quam Bajoariorum populus inhabitat, habet ab Oriente Pannoniam, ab Occidente Sueviam, a Meridie Italiam, ab Aquilonis vero parte Danubii fluenta.* Obschon aber Kärnthen unter der höchsten Obergewalt der Bayerschen Herzoge und nachmals der karolingischen Könige gestanden; so hatte es doch schon längstens bey Abtheilung der Lande seinen eigenen Namen/ und nicht selten seine besonderen Herzoge/ wie Bojarien selbst. (g)

(a) Annal. Laurishemiens.
(b) Aribo in Vita S. Corbiniani.
(c) Annalista Nazarianus ad A. 787.
(d) Annal. Laurish. ad e. A.
(e) Walfridus Strabo in Praefat. ad Vit. S. Galli apud Sur. T. V. p. m. 808.
(f) Paulus Diaconus l. 3. de Gest. Longobard. cap. 31. p. m. 107.
(g) Vid. Regino ad A. 876. 880. 889. Diplomata Othonis III. ad A. 985. 989. 993. apud Gowoldum T. I. Metropol. Salisbur. p. 92. 93. & 241. Meichelbeck T. I. Hist. Frising. P. I. p. 185. Ditmarus l. 4. ad A. 984. p. m. 64. ex Edit. Mader.

§. 5.

Man wolle sich itzt nur die Mühe geben/ und auch das alte Herzogthum Bayern/ so wie es im zehnten Jahrhundert unter Herzog Arnulphs Regierung schon diesen besondesen Namen führte/ betrachten/ und mit dem Nordgauer Pagus/ wie er bey Hrn. von Falkenstein und nachmals in der akademischen Abhandlung in die Augen fällt / in Vergleich stellen: wird sich zeigen / daß dieser Pagus an Menge und Grösse seiner Gebiethe selbst dem Bayerschen Herzogthume / wie es unter Arnulphen aussah/ nichts nachgegeben/ oder wohl gar übertroffen haben muß. Nicht wahr? ein seltsamer Pagus! er kömmt nahe zu einem abentheurlichen. Deutschland hat keinen solchen aufzuweisen / und man wird wohl seines gleichen kaum ersehen. Königreiche und Herzogthümer theilet man in Pagusse wie ein Ganzes in seine Theile: biß auf des Hrn. Verfassers Zeiten aber ist es noch niemanden zu Sinne gekommen / einen Theil so groß als sein Ganzes / und einen Pagus so weitschichtig / als das ganze Herzogthum zu machen.

6 §.

Es gilt hier nichts / wenn man sich auf die Aufschrift der akademischen Abhandlung beziehen / und einwenden will / der Verfasser rede nur vom eilften Jahrhunderte / zu welcher Zeit wohl eine Gränzänderung mag vorgenommen worden seyn/ und von welcher der Sächsische Annalist bezeuget / daß sie wirklich vorgegangen. In wie weit das vorgewandte Zeugniß dieses Schriftstellers Stich halte / soll an einem anderen Orte untersuchet werden. Für itzt begnüge man sich mit dieser Folgerung: wenn der Nordgau auch im eilften Jahrhunderte unter der uralten Benamsung eines Pagus vorkommt / so wird er auch in den verhältnißmäßigen Umständen eines Pagus gestanden haben / und also dem Herzogthume selbst/ dessen Pagus er war/ auf keine Weiß so gleich gekommen seyn. Im Buche der St. Emmeramischen Uebergaben (a) bey Pezen (b) steht/daß die 55.te Uebergabe nach dem tausendsten Jahre *in pago Northcouui ad villam Eglasa* geschehen; aber mit dem Zeitlaufe / oder einer nur wahrscheinlichen Gelegenheit wird man nicht auffkommen können/ bey welcher entweder die Ostfranken ihre vorigen Besitze verlassen/ und die selben den Bajoariern eingeräumet hätten: oder bey der das östliche/ das itzige Franken/ in bayerschen oder nordgauischen Grund verwandelt/ und der Nordgau selbst nicht zu einem Pagus/ sondern zu einem ansehnlichen Herzogthume sich erschwungen hätte.

7. §.

(a) Codex Tradit. St. Emmeramenſ. Tradit. LV.
(b) Apud Pezium T. I. Anecdot. P. III. col. 109.

7 §.

Das zweyte / dessen ich meine Leser zu erinnern habe / ist / sie möchten sich zu Gemüth führen / das alte Austrien und Austrasien / oder Ostfranken / sey ein für allemal eine eigentliche / von Bojarien abgesonderte Provinz gewesen / also zwar / daß weder den Königen / noch den alten Geschichtschreibern jemal zu Sinne gekommen die selben unter einander zu vermengen. Nein! so wohl die Könige bey Abtheilung der Reiche; als die Schriftsteller bey Erzählung der Zufälle / machen einen sorgfältigen Unterschid zwischen beyden. Wer in der römisch-deutschen Geschichte und in den Schriften der Alten kein Frembling ist / kann hierüber keine weiteren Beweise von mir verlangen. Wenn ich dahero zeigen werde / daß der beträchtlichste Theil des itzigen Franken / welches der Hr. Verfasser schier ganz mit unter den Umfang des nordgäuer Pagus künstlich einzurechnen weiß; in dem 8. 9. 10. 11. und 12.ten Jahrhunderte allezeit zu dem alten Austrien oder Ostfranken gezehlet worden: wird auch so wohl der Hrn. von Falkenstein / als des akademischen Hrn. Verfassers Muthmasung von den alten nördlichbayerschen Gränzen / von selbsten fallen / und die Ostfranken im ruhigen Besitze ihres ehmaligen Franken verbleiben.

8 §.

Bevor ich meine Beweise zum Vorschein bringe / kann ich mich nicht enthalten / daß ich nicht zum Voraus einen erbärmlichen Schnitzer entdecke / der in der akademischen Abhandlung vorkömmt. Da der Hr. Verfasser auch den Brenzgau / welcher einen Theil des itzigen würtenbergischen Schwaben ausmacht / auf seine neue Nordgauerkarte versetzet / begehet er diese geographische Freyheit auf Unkosten einer Urkunde von Kaiser Arnulphen auf das Jahr 895. und freuet sich / in selber eine Meldung von dem Nordgauerpagus / und den darinnen befindlichen Oertern Gundelfingen und Harlanten entdecket zu haben. Seine Freude wächset / da er die Brenze dicht an Gundelfingen vorbeyströmen siehet. Allein muste er denn eben bis in Schwaben und die äussersten Gränzen der Pfalz oder vielmehr des neuburgischen Schwaben / auslaufen? Hätte er nur Wimmers neuestes Repertorium Bavaria, so erst im Jahre 1755. zu Augsburg gedrucket worden; und Apians bayersche Landesbeschreibung / einsehen wollen: ich wette / er würde seine Reise eingestellet / und bey seinem Schreibtische dieses Harlanten /

dieses

dieses Gundelfingen / etwa eine Stunde weit voneinander entlegene Oerter / in dem alten Nordgaue selbst angetroffen haben. Sie liegen in dem itzigen bayerschen Pfleggerichte Riedenburg.

9 §.

Da er aber bey diesem Gundelfingen und Harlanten so gefährlich strauchelte / muste er nothwendig bey Dilingen und dessen Gränzen auf schwülichere Abwege gerathen. Daher mochte es gekommen seyn / daß er Dilingen / Elwangen / Nordilingen (Nördlingen) und den rieser Pagus in seinem Nordgaue aufgesuchet hat. Und dennoch hat es mit dem seine Richtigkeit / daß die Burg Dilingen / und Witislingen / so etwa zwo Stunden von Dilingen entlegen / Familiengüter gewesen / derer Besitzer die Grafen von Schwaben oder Alemannien / die Aelteren / die Brüder und Enkeln des Heil. Ulrichs waren. Dieses ersehen wir nicht nur auf der vor einem Zeitgenossen verfertigten Lebensgeschichte dieses Heiligen / in welcher er / excelsa prosapia comitum Alemannorum ex religiosis & nobilibus parentibus ortus genennet wird: sondern auch aus dem sächsischen Annalisten / der von Manegolden (dieser war ein Enkel des Heil. Ulrichs / und ist aus der Lebensbeschreibung dieses Heiligen zur Genüge bekannt) auf das Jahr 991. also schreibt: Manegold quoque non infimus Suevia in Saxonia obiit. Die beyden Klöster aber Elebenwangen oder Elwangen und Hassenried / itzt Herrenried / wurden in einer Verordnung K. Ludwigs des Frommen (a) unter die Klöster Alemanniens gezählet; obschon der Pagus und Namen Nordgau längst vorhin bekannt waren / und der Kaiser die Klöster Alemanniens von den Klöstern Bayerns wohl zu unterscheiden wuste. Eben so ist es mit Nördlingen und dem rieser Pagus. Daß dieser ein Pagus Alemanniens gewesen / wird anderswo erwiesen werden. Scheinet also Nordilingen (so heißt der Ort in dem Leben des Heil. Ulrichs) habe seine Benennung nicht vom Nordgaue oder dem nördlichen Bayern; sondern von Dilingen der anderen Burg fast gleichen Namens / wovon in der nämlichen Lebensbeschreibung Meldung geschieht. Denn dieses donauer oder ulricher Dilingen hatte gen Norden das rieser Dilingen: so konnte ja selbes seinen natürlichen Namen beybehalten; diesem aber konnte der Sylbe verlängeret werden / daß es Nordilingen hieße; so lange / biß die

nachkommenden Zeiten denselben gleichsam ins Kurtze gebracht / und Nördlingen einge-
führet haben.

(a) In Constit. ad A. 817. de Don. & Milit.

Zweyter Abschnitt
Von dem Bißthume Würzburg.
10 §.

Zwar scheinet es/ Eginhard/ der K. Karls des Grossen Geheimschreiber war/ habe unsere gantze Streitsache zur Genüge entschieden/ und den östlichen Francken ihre eigentlichen Sitze / wenigst überhaupt / angewiesen / da er in der Lebens-Verfassung seines Kaisers geschrieben : *partem Germaniæ, quæ intra Saxoniam & Danubium, Rhenumque ac Salam fluvium (qui Turingos & Sorabos dividit) a Francis, qui orientales dicuntur, incoli* - denn hätte sich Ostfrancken nicht bis nahe an die Gräntzen der Donau erstrecket; hätte vielmehr unser gantzes Francken zum bayerschen Nordgaue gehöret / und wäre es von Bojariern bewohnet worden : so sieht alle Welt / daß Eginhard eine vergebliche Mühe auf sich genommen / da er die Donau angeführet hat. Er hätte nur diesen Strom sammt der Thüringer Saale weglassen ; an ihre Statt aber den Rhein und den Mayn hersetzen dürfen. Allein es mangelt mir an anderen Zeugnissen nicht / welche sich sonderheitlich auf die ostfränk. schen Provintzen beziehen. Ich nehme das Bißthum Würzburg / oder Herzogthum Ostfrancken vor mich : ich durchsehe die Märtyrer-Bücher ; ich schlage die alten Schriftsteller / die öffentlichen Briefe und Urkunden der Könige nach : ich lege sie dem Leser vor Augen. Er mag daraus schliessen.

✦ ×× ✦ ×××✦××× ✦ ××× ✦×××✦ ××× ✦ ××× ✦ ××× ✦ ×× ✦

II §.
Die Märtyrerbücher.

Der seelige Rabanus / ein Schriftsteller des 9.ten Jahrhunderts fündet das Leiden des Heil. Bischofs Chilian auf den 8.ten Tag des Heumonats mit folgenden Worten an :

In pago Austria (das ist / Ostfranken / wie keinem geschickten Leser unbekannt seyn kann) *& castro, nomine Wirziburg, juxta Moin fluvium, Sanctorum natale Chiliani Martyris.* u. s. w.

Noch klärer drucket sich der selige Notkerus Balbulus aus / welcher im Jahre 912. gestorben: *In pago Austria, id est Nova Francia, Castro imo civitate, ut teutonico nomine prodit, Wirzburg, juxta Moin fluvium sita; passio sancti Chiliani primi ejusdem Civitatis Episcopi.*

12 §.
Die alten Schriftsteller.

Die Heidenheimer Nonne / welche im 8.ten Jahrhunderte lebete / erzählet in dem Leben des Heil. Wunibalds / ihres Zeitgenossen / (a) Wunibald habe sich kurz vor seinem Hintritte / von Heidenheim zum Megingozen Bischofen zu Würzburg in Franken (*in Francios ad Megingoz*) verfüget: und in dem Erben des Heil. Wilibaldes (b) *Sanctus Wilibaldus veniebat in Thuringiam, statimque posteaquam illuc veniebat, sanctus Bonifacius Archiepiscopus atque Burchardus & Wizo sacra Episcopatus authoritati illum ordinando consecraverunt:* nämlich in dem Orte Sallpurg oder Salzburg in Franken / wie ein anderer unbenannter Verfasser der Lebensgeschichte des Heil. Wilibalds weit besser nennet: und Hr. von Eckard erweist gründlich / daß man so lesen muß. (c) Der Heil. Bischof Ludger aber schreibt in dem Leben des Heil. Gregorius von Utrecht: (d) *Dum admonitus a Deo ad Hassos & Thuringos, Orientales regiones Francorum, iter agere cœpisset.* So hieß dann Thüringen nach dem Zeugnisse Ludgers und de Nonne / im 8.ten Jahrhunderte bald Ostfranken: im Gegentheile hieß Ostfranken wieder Thüringen: und Würzburg nebst dem Würzburgischen Salzburg sehen wir ohne Unterschied itzt in Franken / itzt in Thüringen. Wie kann man sich nun die Freyheit herausnehmen / das östliche Franken nebst Würzburg mit dem bayerschen Nordgaue zu vermengen / ohne mit den triftigsten Urkunden auffomnen zu können / daß Würzburg nach dem 8.ten Jahrhunderte dem Gaue Nordgau würklich einverleibet worden.

(a) Canif. T. IV. Lect. Antiq. p. 529.
(b) L. c. p. 511.
(c) T. I. Franc. Orient. p. 389. 390.
(d) T. I. Jun. p. 484. & T. V. Auguſt. p. 154.

13 §.

Wilibald der im 9.ten Jahrhunderte gelebet hat / berichtet uns in dem Leben des Heil. Bonifacius / daß dieser grosse Erzbischof den heiligen Burchard und Wilibald - in intimis Orientalium Francorum partibus & Bajoariorum terminis Ecclesias . . . distribuerit, & Wilibaldo suæ gubernationis parochiam commendariti in loco, cui vocabulum est Eichstat: Burghardo vero in loco, qui vocatur Wirzaburg, dignitatis officium delegarit, & Ecclesias in confiniis Francorum, atque Saxonum, atque Sclavorum suo officio deputaris. (a) Ich frage/ wem hat Bonifacius seinen Kirchensprengel in Bajoariorum terminis angewiesen / als dem Heil. Wilibald / wie es schon Ludger in oben angezogener Stelle angemerchet. Ich frage ferner: wem hat er die Gräntzen des Seinigen in intimis Francorum Orientalium partibus bestimmet / als dem Heil. Burchard von Würzburg? von welchem allein da selbst die Rede ist. Wo lag denn aber Würzburg zun Zeiten des Schriftstellers Wilibald/als im Schoose des östlichen Francken?

(a) Act. SS. T. I. Jun. p. 469. n. 46. Henr. Canif. T. IV. Lect antiq. p. 376.

14 §.

Der nämlichen Meynung war unstreitig auch der Verfasser uralter Jahrbücher / (a) welcher sich von dem Heil. Bonifacius also vernehmen läßt: prædicatione sua multos populos Thuringorum „ Hessorum „ nec non Austrasiorum ad fidem rectam conversit.

convereis, sed & Monasteria Monachorum ac Virginum primus in partibus Austria exorsus est ipse, in *Castro Wirziburg, Sedem episcopalem constituens annuente Carolomanno & auctoritate Apostolici Papa.* Eben diese Jahrbücher muß wohl ein anderer Schriftsteller/ welcher im Jahre 930. gestorben/ vor Augen gehabt haben/ wenn er in dem Leben des Heil. Lebuinus schier das nämliche von dem Heil. Bonifacius geschrieben: *pradicatione sua Thuringos, Hassos atque Austrasios . . . . convertit, & monasteria Monachorum & Virginum in Austrasia partibus construxit.* (b) Was sind dieß für Klöster in Austrien und Austrasien oder Ostfranken/ als Bizzinggen/ Ochsenfurt/ und Bischofsheim an der Tauber? wie solches schon Othlonus ein Scribent aus dem 11.ten Jahrhunderte/ (c) und nach ihm Hr. von Eckart (d) gar wohl angemerket.

(a) T. I. Analect. Vindobon. col. 555.
(b) Hucbaldus Elnonens. in Vit. S. Lebuini cap. 8.
(c) Othlonus L. 1. Vit. Bonifac. cap. 30. apud Serarium, & p. 423. apud Henr. Canis. l. c.
(d) Eckardus T. I. Franc. Orient. p. 353.

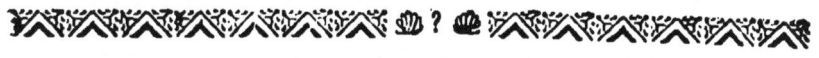

15 §.

Mit diesen Jahrbüchern kömmt ein anderer Scribent wohl überein. Er hat uns des Heil. Kilians schriftlich hinterlassen/ und Sollerius glaubt/ (a) er könne nicht tiefer/ als auf das 9.te Jahrhundert herabgesetzet werden. Dieser schreibt von Kilianen/ und seinen Gesellen: (b) *de propria perrexerunt patria, & venerunt in Australem partem, ad Castellum, quod vocatur Wirziburch.* Und: (c) *venerunt in partem australium Francorum ad castellum, quod dicitur Wirzibarch.* - - *Quibus auditis Gosbertus Dux convocari eos fecit ad se.* Ferner: (d) *Hetanum vero filium ejus (Gosberti) populus Orientalium Francorum de regno ejecerunt.* (e) Könnte man von den Würzburgern ein deutlicheres Zeugniß fodern/ daß sie schon damals Ostfranken gewesen sind/ als eben dieses?

(a) Act. SS. T. II. Jul. p. 607. n. 37.

§ 16.

(b) Apud Soller l. c. p. 613. n. 1.
(c) Num. 4.
(d) Pag. 614. n. 9.
(e) Vid. Henr. Canif. T. IV. p. 643. 644. 647.

16 §.

Und dennoch haben Sie noch mehrere von gleicher Stärke aufzuweisen. Sie beruffen sich auf eine andere Lebensgeschichte ihres ersten Bischofes. Man kann so ziemlich zuverläßig darauf bauen, daß sie Egilward im eilften Jahrhunderte zusammen getragen hat. (a) Was erzählet nun Egilward? er sagt: (b) *Gallo ditatur Alemannia: Kiliano Teutonica nobilitatur Francia.* Was noch? *Kilianus in provinciam Germaniæ devenit, quæ ab incolis terra ipsius Orientalis Francia vocitatur: ibique in oppido, quod Wirceburg eorum lingua dicitur u. s. w.* (d) *Veniens igitur ad prædictum oppidum Orientalis Franciæ Wirziburg u. s. f.* Und die ausdrücklichen Worte: *Orientalis Francia, Teutonica Francia,* kommen anderswo noch öfter vor. (e)

(a) Sollerius L. c. n. 31. in Commentar. præv. (apud Henr. Canif. l. c. a pag. 627.)
(b) Num. 1.
(c) n. 4.
(d) n. 7.
(e) n. 9.

17 §.

In dem Leben des Heil. Burchards Bischofes zu Würzburg (a) schreibt eben dieser Egilward, was folget: *Anglia vero universa Germaniæ magnum Bonifacium, & Orientali Franciæ primum satisque idoneum pastorem - - - Burchardum destinavit.*

Nicht

Nicht viel ungleiches steht im ersten Buche dieser Lebensbeschreibung 1.ten Hauptst. 742.ten Blatte: wie auch im 7.ten und 8.ten Hauptst. 745.ten Blatte: Im neunten Hauptst. aber macht er den förmlichsten Unterschied zwischen Bayern / Alemannien / und Ostfranken: Bonifacius und Burchard fährt er fort / *post longa Bavariæ provinciæ sive Alemanniæ spatia grates Orientalis Franciæ fines attingunt, in cujus* pene medio (man wolle sichs merken) *positum ad oppidum Wirceburgense perveniunt.*

(a) Apud Surium T. V. p. m. 741. in præfat.

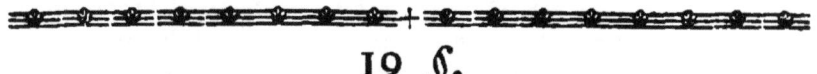

18 §.

Itzt legen Sie erst / und ich mit Ihnen / einen anderen Scribenten vor. Er ist aus dem eilften Jahrhunderte / wie Egilward. Adams von Bremmen Zeugniß lautet so: (a) *quamvis alii Scriptores vel Gallum in Alemannia vel Heimeramum in Bavaria, sive Kilianum in Franconia, seu certe Willebrordum in Fresia* u. s. w. Wer sieht da nicht / daß eine Provintz welche zu den Zeiten dieses Schriftstellers / das heißt im eilften Jahrhunderte / allgemach Frankenland (*Franconia*) benamset wurde / keine andere sey / als welche vor und nach den Zeiten dieses Geschichtschreibers bey anderen insgemein Ostfranken hieß. So wird man ja aber auch aus gleichem Grunde überzeuget seyn / daß Frankenland so wohl / als Ostfranken noch im eilften Jahrhunderte von Bayern / Alemannien / und dem Frieslande abgesondert gewesen. Und Siegebert hat Recht / wenn er in der Chronik auf das Jahr 697. Würzburg ein *Castrum Ostrofranciæ* nennet.

(a) Adamus Bremens. l. 1. Hist. Eccles. cap. 3.

19 §.

Ich habe schon im ersten Abschnitte versprochen / den sächsischen Annalisten sonderheitlich vor mich zu nehmen: (1. Abschn. 6. §.) und weil doch die baierische Abhandlung auf diesen Schriftsteller so großen Staat machet / kann ich meinen Lesern seine eigenen

eigenen Worte nicht länger verbergen. Die erste Stelle auf das Jahr 1105. ist die folgende: *rediens* (König Heinrich) *in Franciam* (er versteht das östliche Franken) *perfidis sibi Wirceburgensibus eodem calice propinat.* Da fragt sichs nun: wurden denn nicht die Würzburger zu Anfang des 12.ten Jahrhunderts zu Ostfranken gerechnet? Es fragt sich: hätte der Sachs nicht vielmehr schreiben sollen/ der König sey in Bayern/ oder in den Nordgau/ nicht in Franken/ zurükgekehret/ wenn doch die Aufrührer zu Bayern gehörten? Diese/ die Bayern/ hatte er ja sollen beym Kopfe nehmen. Wenigst wenn eben dieser Schriftsteller an sehr vielen anderen Stellen von den Othonen und Heinrichen erzählet/ daß sie sich in Sachsen/ Bayern/ oder Alemannien aufgemachet haben/ Aufrührer zum Baaren zu bringen: sieht wohl ein jeder Leser/ daß diese Aufwiegler aus eben dem Lande gewesen/ in welches die Kaiser ihre Feldzüge unternommen/ die dasigen Unruhen zu stillen. Ich will diese meine Anmerkung in ein noch helleres Licht setzen/ und der Annalist muß noch vortheilhafter für mich reden.

20 §.

Auf das Jahr 1116. kann man diese merkwürdigen Worte bey ihm lesen: *hac commotione succensus Imperator* (Heinrich der 5.te) *Ducatum Orientalis Francia, qui Wirceburgensi Episcopio antiqua Regum concessione competebat, Conrado sororis suæ filio, qui postea regnavit, commisit.* Einmal wenn das Herzogthum Ostfranken schon von Alters her (*antiqua Regum concessione*) der Kirche von Würzburg zugehörig war: mit was Recht/ mit was Wahrscheinlichkeit kann man sich der Gewalt anmaßen/ den würzburgischen Kirchensprengel aus Ostfranken schlechterdings auszumustern/ da doch die würzburgischen Bischöfe von undenklichen Zeiten her Herzoge von Ostfranken gewesen sind. Wer sich nicht hat verdrießen lassen/ ältere Schriften aus dem Staube hervorzusuchen/ und dieselben sich etwas bekannter zu machen/ wird es ohne Bedenken eingestehen/ daß unter dem Herzogthume Ostfranken/ welches in angezogener Stelle dem Bißthume Würzburg zugesprochen wird/ das ganze Franken nicht kann verstanden werden: er wird es uns sagen müssen/ daß sich dieses Herzogthum Ostfranken nicht bis an das rheinische Franken/ als an Worms/ Maynz; (welche

letztere

letztere Stadt auch bey dem Annalisten (a) *Franciae Metropolis regiaque civitas* genennet wird) noch biß an Franckfurt und Heſſen / erſtrecket hat / weil ihm aus der Geſchichte ſattſam bekannt iſt / daß dieſe Länder und Herrſchaften theils ihre Grafen und Herzoge / theils ihre eigenen Beherrſcher und kleinen Könige gehabt haben. So müſſen wir dann die Worte : *Wirceburgenſem Orientalis Franciae Ducatum* , auf jenes Franken ausdeuten / über welches die Kirche von Würzburg / ſchon ſeit den erſten Zeiten ihrer Stiftung / ihre theils weltliche theils geiſtliche Gerichtsbarkeit ausgeübet / und in welchem die Biſchöfe dieſer Kirche mit Ausſchluſe der Grafen oder königlichen Abgeordneten (*Miſſorum*) entweder in eigener Perſon / oder durch ihre Beamte / die Staats- und Kriegsgeſchäfte verwaltet haben Dieſes hat K. Friederich der 1.te bey Leuckfelden (b) und Pfeffingern (c) klar genung angedeutet. Und in einer anderen Urkunde auf das Jahr 1160 / theils bey Hrn. von Falkenſtein / (d) theils aus einem Werke / welches im Jahr 1718. zu Erfurt unter der Aufſchrift : *Demonſtratio Hiſtorico - Diplomatica de Ducatu & Judicio Provinciali ad Epiſcopatum Wirceburgenſem* - heraus gekommen. Um nicht viel Worte zu verlieren / ziehe ich die ganze Sache in eine Schlußrede zuſammen: ſie muß überzeugend ſeyn. Das Herzogthum des würzburgiſchen Hochſtiftes war das Herzogthum Oſtfranken : unter dem Herzogthume Oſtfranken kann allein / oder doch größtentheils / das würzburgiſche Gebieth / und deſſen erſter Kirchenſprengel / verſtanden werden : ſo hat denn das würzburger Gebieth / und ſein Kirchenſprengel zu Oſtfranken / ſo / wie ein Theil zu ſeinem Ganzen / gehöret: Nordgau aber / oder Bajoarien hat ſich ſo weit nicht erſtrecket.

(a) Ad A. 953.
(b) Frider. I. in Diplom. apud Leuckfeld. in Antiquit. Pöldenſ. p. m. 255. 256.
(c) Pfeffinger. T. I. Vitriarii Illuſtrati p. 1180. ad A. 1168.
(d) In alio Diplom. ad A. 1180. apud Falckenſtein T. II. Antiq. Nordgav. p. 262. 263.

21 §.

Wer einen ferneren Unterricht verlanget/ mag ihn bey dem nämlichen Geschicht-schreiber einholen/ den ich nur erst (18 §.) angeführet habe. Meine Schlußrede soll dadurch nur noch mehr erläutert werden. Adam von Bremen/ da er im 4ten Buche seiner Kirchengeschichte 5ten Hauptstücke/ auf seine Zeitläufte verfällt/ und uns berichtet/ daß der Erzbischof von Bremen in seinen Staaten sich eben der Obergewalt angemaßet hat/ welche der Bischof von Würzburg in den Seinigen ungehindert ausübete/ setzet seine Erzählung also fort: *Solus erat Wirceburgensis Episcopus, qui in Episcopatu suo neminem dicitur habere consortem. Ipse enim cum teneat omnes Comitatus sua Parochiae, Ducatum etiam Provinciae gubernat.* Gleichwie halt einstens die Herzogthümer aus Grafschaften bestunden/ so konnte man das Haupt der Kirche von Würzburg nicht nur einen Bischof/ sondern auch einen Herzog seiner bißthümlichen Provinz nennen/ weil er alle Grafschaften seines Bißthumes/ ohne Zuziehung eines anderen Grafen oder Herzoges/ in eigener Person/ oder durch die Seinigen/ beherrschet hat. Wie denn nun eben dieses bißthümliche Herzogthum den Namen des östlichen Franken führete: (20 §.) so kann man es ja nimmer in Zweifel ziehen/ daß so wohl das geistliche als das weltliche Gebieth der Kirche von Würzburg stäts aufs engste mit dem östlichen Franken verbunden gewesen: wenn man doch die Zeugniße des Sachsen/ und des bremischen Geschichtschreibers ohne Vorurtheile erwägen/ und die Augen nicht mit Fleiß vor einem so hellen Lichte zuschlüßen will.

Nur muß ich noch eine Erinnerung hersetzen/ damit man mir nicht wegen einiger in diesem Absatze vorkommenden Worte einen neuen Streithandel an den Hals werfe: Es dörfte auf einen Vorzug ankommen/ der dem Hochstifte von Würzburg recht besonders eigen ist. Ich erkläre aber hiemit so feyerlich/ als es nöthig seyn mag/ daß ich mich hierüber nicht zanken will. Ob das Landgericht/ und der *Ducatus* Ostfranken in dem eilften und zwölften Jahrhunderte auch außer die Gränzen des hohen Stiftes/ und seines Gebiethes sich erstrecket haben/ hat der überaus geschickte Verfasser des kurz vorher (10 §.) angezogenen historisch-diplomatischen Beweises/ mit dem größten Ruhme einer seltenen Belesenheit/ so gründlich abgehandelt/ daß er mir die Mühe ersparet/

eine

eine weitere Unterſuchung anzuſtellen. Ich habe ſchon viel gethan/ da ich erwieſen/ daß das Herzogthum Oſtfranken ſo wenig/ als Würzburg und das würzburgiſche Biſthum/ mit dem bayerſchen Nordgaue vermenget werden kann. Ich lege meinen Leſern ganz getroſt auch die öffentlichen Briefe und Urkunden der Könige vor. Man möchte doch glauben/ ſie wären nur geſchrieben worden/ meine gerechte Sache zu handhaben.

22 §.
Die öffentlichen Briefe und Urkunden der Könige.

Die Gelehrten/ benanntlich Hr. von Eckart; (a) der Hr. Abt Beſſel/ (b) u. a. m. werden hierüber leicht eins/ daß das würzburger Gebieth einſtens/ theils unter dem grapfelder/ theils unter dem ſonderheitlichen goßfelder Pagus begriffen geweſen: obſchon der ſächſiſche Annaliſt auf das Jahr 1104/ da er von ſeinen Zeiten ſchreibt/ ſelbes unter den beſonderen Namen des würzburger Pagus bekannt machet. Zu welcher Provinz man aber den grapfelder und goßfelder Pagus zu ziehen gepflogen habe/ wird uns wohl der bayerſche Fürſt und nachmalige deutſche König/ Arnulph/ am beſten zu ſagen wiſſen. Er ſoll es entſcheiden/ ob dieſe beyden Paguſſe zu Franken/ oder zu Bayern/ und ſeinem alten Nordgaue gehöret haben. Da dieſer Prinz in einer feyerlichen Urkunde auf das Jahr 889. (c) alle Vergabungen/ welche Pipin/ Karolomann/ und Ludewig der Fromme/ der Kirche von Würzburg gemacht hatten/ wiederhohltermalen beſtätiget; ſetzet er unter die Theile und Paguſſe der Oſtfranken/ benanntlich und ausdrücklich die folgenden Paguſſe: *Waldſazzi Thubargouue, Wingartweiba, Jajasgeuui, Mulachgeuui, Neckergeuui, Chobargeuui, Rangeuui, Iphgeuui, Haſageuui, Grafeld, Dulliſeld, Salageuui, Weringeuui, Gozfeld, Badanachgeuui* (d). Könnte man aufgelegtere Beweiſe anführen/ wenn man gründlich darthun will/ daß ſchier das ganze itzige Franken/ welches aus eben gemeldeten Paguſſen beſtehet/ von ſeinen erſten Zeiten her zu Oſtfranken gehöret; die Muthmaßungen aber von dem ungeheuren Umfange des alten Nordgaues/ nicht einmal die erſte Stuffe der Wahrſcheinlichkeit erſtiegen haben? Der Heil. Pabſt Zacharias muß dieß alles anderthalb hundert Jahre vorher ſchon eingeſehen haben/ wenn er für einen ſeiner Briefe dieſe Ueberſchrift gemacht :

(e) *Univerſis Optimatibus & populo Provinciarum Germaniæ, Turingis & Haſſis, Borthariis & Niſtreſis, Wedrecüs & Lognais, Sudnodis &* Graffoldis, *vel omnibus in* Orientali plaga *conſtitutis.* Welche letzteren Worte der Hr. von Eckart (f) gemäß ſeiner tiefen Einſicht / ſehr geſchickt ſo dolmetſchet: *omnibus in Orientali Francorum regno,* oder / was eines iſt / *in Francia Orientali degentibus.*

(a) Eckart. in Franc. Orient.
(b) Beſſelius in Chronic. Gottwicenſ.
(c) Arnulphus in Diplom. ad A. 889.
(d) Vid. Eckart. T. II. Franc. Orient. p. 895. 896. Falckenſtein T. II. Antiq. Nordgav. p. 160.
(e) S. Zacharias Pap. in Epiſt. quæ inter Bonifacianas eſt CXXVIII.
(f) Eckart L. c. T. I. p. 374.

23 §.

Hätten dieſe Zeugniße des römiſchen Pabſtes / und deutſchen Königs einer Stütze nöthig; könnte man noch eine Urkunde K. Heinrichs des Heiligen auf das Jahr 1017: herſetzen / welche dieſer gottſeelige Monarch für die Kirche von Würzburg ausgefertiget / und Leuckfeld in einem Anhange zu den roldiſchen Alterthümern / (a) nach ihm aber Pfeffinger (b) herausgegeben. Ich begnüge mich mit dem / daß ich den Beſchluß davon hieher ſchreibe: *Nec quisque Comes, nec aliquis publicus judex in ulla penitus re præfata Eccleſia homines vel res audeat ullo unquam tempore aut loco diſtringere vel inquietare, vel aliquam poteſtatem aut jurisdictionem in toto Ducatu vel Cometiis (comitatibus) Orientalis Franciæ - - - exercere* u. ſ. w. Was noch mehr iſt / ſo ſteht in der nämlichen Urkunde/ daß dieſe Macht / das Recht zu ſprechen/ und der Ducatus durch Oſtfranken / der Kirche von Würzburg/ (welche ja ſchließlich ſelbſt ein Theil von Oſtfranken war) aus königlicher Freygebigkeit ſchon ſeit Jahrhunderten iſt zuerkannt/ und vergönnet worden. Endlich bekennet K. Heinrich der 5.te in einer Urkunde / er habe der Kirche von Würzburg die nämliche richterliche Gewalt / welche er ihr im Jahre 1116. (weil man ihn ſo empfindlich vor den Kopf geſtoſſen) kurzum abgeſprochen hatte
(c) / im

(c)/ im Jahre 1110/ da er sich wieder hätte besänftigen lassen / aufs neue vollkommen zugestanden. Die Urkunde selbst haben Leuckfeld und Pfeffinger bekannt gemacht (d). Man kann sie bey ihnen einsehen.

(a) Leuckfeld. in Antiq. Pöld. Append. III. p. m. 251. & 252.
(b) Pfeffinger. T. I. Vitriar. Illustr. p. 1179.
(c) Vid. Annalist. Sax. ad A. 1116.
(d) Pfeffinger L. c.

24 §.

Ich kann diesen Abschnitt nicht schließen / ohne / gleichsam nur im Vorbeygehen / der Gräfinn Alberata / einer Blutsverwandten Heinrichs des Jüngeren / oder des Schweinfurters / und wie man insgemein dafürhält / einer Tochter seines Sohns Otto zu gedenken. Auch sie / da sie in einem Briefe ihrer Uebergabe auf das Jahr 1058 von Othalmeshausen / (a) welches nahe bey Königshoven im Grapfelde liegt / und einer daselbst vorgefallenen Versammlung der Fürsten / Meldung thut: auch sie bezeuget/ daß dieser Ort in Ostfranken gelegen (b). Und wie hätte sowohl Ditmar / (c) als der sächsische Annalist / (d) welcher Ditmarn fleißig abgeschrieben/ selbst den Großvatter: der Alberata/Heinrichen von Schweinfurt/die Zierde der Ostfranken nennen dürfen *Marchio Heinricus - - XIV. Kal. Oct. Orientalium Francorum decus obiit, & in Suinverde civitate sua - - sepelitur.* Oder wie hätte Bischof Adelbold / ein Geschichtschreiber aus dem eilften Jahrhunderte / auf das Jahr 1002. von der Aufruhr und den Thaten Hezilons oder Heinrichs des Schweinfurters ? schreiben können: *intrante Augusto in Franciam exercitum super Hezilonem duxit* (der Heil. König Heinrich) *bona ejus devastavit* u. f. w. Wie hätten / sage ich / alle diese Scribenten solch Zeug der Nachwelt hinterlassen können / wenn nicht eben diese Herrschaften und hezilonische Familiengüter / und vor allen die Stadt Schweinfurt / ein Theil des würzburgischen Kirchensprengels / auch selbst in dem östlichen / oder itzigen Franken gelegen hätten? daß es folglich gar begreiflich wird/ wenn von ihnen Heinrich oder Hezilo *Orientalium Francorum decus* genannt wird. (a)

25 §.

(a) De Othalmeshusio.

(b) Vid. Schannat Tradit. Fuld. n. 612. p. 256. Broverus in Antiquit. Fuld. L. II. cap. X. p. 144.
(c) Ditmar. L. 7. p. m. 223.
(d) Annalista Saxo ad A. 1017.

25 §.

Nach so vielen und wichtigen Zeugnißen / welche ich aus den Schriften vieler Jahrhunderte / (des 8. 9. 10. 11. 12.ten) aus den Martyrerbüchern / aus den Schriftstellern und königlichen Briefen entnommen / und der akademischen Abhandlung entgegen gestellet habe/ dörfte es wohl niemanden auch nur im Traume einfallen/ daß das würzburger Gebieth/ von seinem ersten Anfange biß auf die Zeiten des sächsischen Annalisten / von dem übrigen östlichen Franken jemahl abgesondert/ und zu den Theilen und Pagussen Bajoariens gerechnet worden wäre. So muß man aber eben nicht die besten Augen haben / wenn man nicht sehen soll / daß unter dem Walde/ der nach des Sächsischen Annalisten Aussage (a) Bajoarien von Franken absondert/ und in welchem sich der Hr. Verfaser sehr vergangen hat / ganz ein anderer / als der Speßarter / welcher dem maynzischen Gebiethe so nahe kömmt / verstanden werde. Denn das wird man uns nicht aufbürden wollen / daß wir ohne allen Grund / und bloß dem Hrn. Gegner zu Lieb / welcher seinen alten Nordgau gern groß machen möchte / den guten Sachen eines so handgreiflichen Widerspruches beschuldigen / und glauben / er habe uns das nämliche Würzburg um die nämliche Zeit / zugleich in Franken / zugleich in Bayern / oder dem Nordgaue / aufsuchen lassen wollen. Ueber das Räthsel von dem verwickelten Worte Speritesbart oder Speichesbart / werde ich meine Gedanken schon noch entdecken: bey welcher Gelegenheit es etwa so ziemlich möchte ausgemachet werden / was denn eigentlich für ein Wald Bajoarien von Franken abgesondert habe. Ich muß mich indessen noch eine Weile im Bißthume Babenberg umsehen / und die Stärke der akademischen Beweise auf einer anderen Seite aufdecken.

(a) Ad A. 1002.

Dritter

Dritter Abschnitt.
Von dem Bißthume Babenberg.
26 §.

Es dürfte es uns nicht viel Nachsuchens kosten / um zu erfahren / ob man Babenberg / und das Bißthum dieses Nahmens / von seinem ersten Anfange her / zu Franken / oder zu Bayern zu rechnen habe. Denn wenn man gleich mit keiner solchen Wolke von Zeugen für Babenberg aufkommen kann / als welches schier drey Jahrhunderte später zu einem Bisthume geworden: so müssen doch die wenigeren / die man anzuführen hat / von solcher Stärke seyn / daß sie auch dieses Babenberg dem akademischen Nordgaue überhalten/ und dem östlichen Franken wieder heimstellen sollen.

Man könnte mir vorwerfen / als redete ich ein bißgen zu furchtsam: und das Bekenntniß / welches ich von einer geringeren Anzahl der Zeugnisse / die ich für Babenberg aufzuweisen hätte / abgeleget / sähe zu schüchtern aus. Ich kann diesen Satz so leicht wiederruffen / als ich ihn gemacht habe. Ja wenn ich zurücksehe; wenn ich erwäge / daß alle die Beweise / welche mir das Bißthum Würzburg aus der neuen Nordgauerkarte haben ausmärzen helfen / in der nämlichen Unternehmung / auch das babenbergische aus der selben auszustreichen / ihre guten Dienste leisten: muß ich es thun. Ich weiß ja/ und wer immer die babenbergische Geschichte eingesehen / muß es auch wissen/ wie lange es hergegangen / bis man von Heinrichen / damaligen Bischofe von Würzburg / ob er schon vom Kaiser und den Bischöfen so sehr darum gebethen ward / die Einwilligung erlangete / daß Babenberg zu einem neuen Bisthume errichtet werden möchte. Da die Sache zu Anfang des eilften Jahrhunderts wirklich zu Stand gekommen/ bleibt es dennoch wahr / daß Babenberg und die babenbergischen Gränzen ehmals unter der Obergewalt Bischofes von Würzburg gestanden / und einen namhaften Theil seines Gebiethes ausgemacht haben: und hat sich das Herzogthum Ostfranken (welcher Vorzug eines Ducats dem Hochstifte Würzburg durch so verjährte Rechte eigen war) so weit als sein Kirchensprengel erstrecket: (a) so wird wohl die richtigste Folgerung / die man daraus machen kann/ diese seyn: daß man Babenberg so gut als Würzburg / auf der ostfränkischen Karte zu suchen hatte.

(a) Vid. Ditmar. L. VI. Chronic. p. m. 139. 140.

27 §.

Da ich ferner auf drey Scribenten kam / (a) welche einhellig Adalberten von Babenberg die glänzendsten Ehrennamen beylegen / und ihn *Nobilissimum Francorum Comitem; Nobilem & Bellicosum de Babenberg Francum;* ja wohl auch *Francorum Decus* nennen: schloß ich / daß die Familiengüter Babenberg und Carissa/ gleichfalls in Ostfranken gelegen: ich schloß / daß Adalbert sich meistentheils daselbst aufgehalten / und seine Graffschaft verwaltet hat. Zugleich dachte ich auf Willbalden / den Lebensbeschreiber des Heil. Bonifacius/ und Egilwarden/ zurück / und gleich verfiel ich auf diese Folgerung: Willbald sagt (13 §.) Würzburg liege *in incimis Francorum Orientalium partibus* : und Egilward (18 §.) *in - Francia - pene medio* : das kann nicht seyn / wenn man Babenberg und den babenbergischen Kirchensprengel / oder wohl gar mit dem Hrn. Gegner / die Markgraffschaft Anspach / von Ostfranken wegwacken / und an den Nordgau / oder das nördliche Bayern anstucken will. So muß man dann entweder die Gränzlinie etwas weiter / merklich weiter hereinschieben : oder sagen / Willbald und Egilward haben Dinge in den Tag hineingeschrieben / die man in der akademischen Abhandlung für besser befunden / zu überblätteren / damit etwas neueres zum Vorschein käme / als was man vor Jahrhunderten schon gewust hat. Eines von beyden muß seyn. Denn nehmen wir alles dieses von Franken weg / so werden wir Würzburg nicht mehr *in Francia pene medio,* sondern an dem Raufte und der äufersten Gränze dieser Provinz ersehen. Was ist zu thun / damit man Würzburg wieder in die Mitte des östlichen Franken hineinbringe ? Man darf nur der Lage der Oerter / und den aufgelegtesten Stellen alter Scribenten keine Gewalt anthun : und Babenberg/ Anspach / oder was sich noch sonst auf der akademischen Karte von Ostfranken losgemachet/ dem selben wieder einverleiben : so wird die Sache ihre gute Richtigkeit haben.

(a) Hermann. Contract. ad A. 906. Hepidannus ad e. a. Otho Frising. L. VI. Chron. cap. 15.

28 §.

Zum Ueberflusse beziehe ich mich auch auf andere Schriftsteller. Der fuldische Annalist / Z. B. läßt sich auf das Jahr 889. von Arnulphen also vernehmen:

Rex apud Villam, quæ dicitur Forahhem, generalem conventum habuit, ibique disputans de statu regni sui, consultum est, ut eodem tenore primores Francorum, prout Bajoarii, juramento confirmarent, ne se detraherent a principatu & dominatu filiorum ejus, Zwentibulchi quidem & Ratoldi - quod quidam Francorum ad tempus renuentes, tandem regia satisfacientes voluntati, dexteram dare non recusabant.

Wie? Merket man da den Kunstgriff nicht/ dessen sich Arnulph bedienet/ die wankenden Gemüther der fränkischen Fürsten/ für sich und seine natürlichen Söhne/ zu gewinnen? Damit die Unterredung sicherer nach seinem Wunsche ausschlagen möchte/ wollte er in Franken selbst einen bequemen Ort aussehen/ wo sich diese Herren um so viel lieber versammlen/ und folglich seinem Verlangen desto behender nachkommen würden: besonders/ da ohnehin zu selber Zeit die Könige von Deutschland an keinen gewissen Ort angebunden/ und schon gewohnet waren/ nach Erheischung der Umstände/ und aufstossenden Vorfallenheiten/ ihre deutschen Staaten zu durchreisen. Man mustere also Forchheim aus dem alten Nordgaue aus/ so werden die vorgegebenen nordgauischen Gränzen von selbsten wegfallen/ und die Schwierigkeit/ das nahe an Forchheim/ und der Regnitz gelegene Babenberg betreffend/ wird merklich verschwinden. Denn ein alter Scribent/ (a) da er uns berichtet/ daß Adalbert Graf von Babenberg von Ludewig dem Könige zu seiner eigenen Burg Tarissa belägeret/ gefangen genommen/ und nachmals öffentlich hingerichtet worden; seine Güter aber dem königlichen Schatze beimgefallen sind: setzet also gleich diese Worte bey: *compositis ita in Orientali Francia rebus* u. s. w. Der sächsische Annalist hat ihm das nämliche nachgeschrieben. (b) Ich muß schon abermal ein Paar verdriessliche Fragen aufwerfen. Ich frage: lagen nicht die Oerter/ wo Ludewig die Sachen geschlichtet hat/ in Ostfranken? (*compositis in Orientali Francia rebus*) Ich frage zweytens: hat nicht Ludewig in Adalberts Herrschaften die Sachen geschlichtet? (da hat er den Grafen gefangen genommen/ und hinrichten lassen. Ich habe zum drittenmale fragen wollen/ wo man denn endlich Tarissa und Babenberg suchen müßte/ allein so eine Frage dörfte der Einsicht meiner Leser nachtheilig seyn. Sie besitzen so viel Logik/ daß sie die Stärke der Folgerung fühlen läßt/ welche aus solchen Vordersätzen nothwendig fleußt.

(a) Regino Prumiens. ad A. 905.
(b) Annalista Saxo ad A. 906.

29 §.

Will man einen Scribenten nachschlagen/ welcher nebst dreyßig Bischöffen bey der feyerlichsten Einweihung der Kirche von Babenberg selbst mit zugegen war/ darf man nur Ditmars/ Bischofes von Merseburg Chronik auf ein Paar Augenblicke einsehen: und man wird Babenberg gleichfalls in Ostfranken antreffen. Im 6ten Buche werden sich folgende Worte zeigen: Rex (der Heil. Heinrich) *a puero quandam suimet civitatem,* Bavenberg *nomine, in Orientali Francia sitam, unice dilectam pre ceteris excoluit, & uxore ducta eandem ei in dotem dedit.* (a) Ich darf die Stelle nicht dollmetschen. In eben diesem Buche am 157ten Blatte/ so bald er mit der Beschreibung des Einweihungsgepränges fertig wird/ fährt er also fort: *post hac Synodus hic* (zu Babenberg) *sit magna, in qua Gevehardus u. s. w. – – Sed hac omnia & multa alia consilio prudenti sunt finita, & restitutio Parochiarum promissa est mihi. Completis omnibus in Orientali Francia* (es war aber alles zu Babenberg vollendet worden) *utilitatibus Rex Merseburgensium revisit civitatem.* Und schon vorher am 124ten Blatte meldet er/ daß K. Heinrich über die thüringischen und ostfränkischen Gränzen zu Regensburg eingetroffen: *per Thuringie Orientalisque fines Francie transiens ad Ratisbonam venit.* Ueber welche Worte eine kleine Anmerkung nicht undienlich seyn mag. Wenn man der akademischen Gränzlinie nachfahren/ und das ganze heutige Frankenland nicht zu Ostfranken/ sondern zum Nordgaue/ oder dem nördlichen Bayoarien ziehen will; muß man Ditmarn zur Rede stellen: warum er schreibe/ der Heil. K. sey über die ostfränkischen Gränzen nacher Regensburg gekommen? denn einmal/ wenn diese bayerschnordgauische Gränzlinie vom thüringer Walde/ und dem Banzgaue gerades Weges bis an die regensburgischen Stadtthore hingelaufen; so hat uns Ditmar falsch berichtet/ daß Heinrich seine Reise durch die ostfränkischen Gränzen gemacht hat: er hätte den Kaiser durch die bayerschnordgauischen/ nicht durch die ostfränkischen Gränzen nacher Regensburg reisen lassen sollen. Ditmars Unglück war/ daß die akademische Karte nicht schon bey seinen Zeiten verfertiget war: Wir haben sie unlängst in unsere Hände bekommen. Das ist aber auch ein Vorzug/ der nur unseren Jahrhunderte vorbehalten war.

Der Heil. Pabst Leo der 9.te kannte die akademischbayersche Lage auch nicht besser/ als der Bischof von Merseburg. Wären meine Leser für die akademische Karte einge-

eingenommen/ werden sie sich wundern/ wenn sie bey dem Sollerius (b) in einer Bulle dieses Pabstes lesen sollten: cum . . . *in partes Germaniæ veniſſemus, quæ Orientali Franciæ adjacent, prece dilectiſſimi confratris nostri Episcopi Hartwici Babenberg. venimus.* u. s. w. Was sind dies für Theile Deutschlands/ werden sie fragen/ die an Ostfranken liegen? und ich würde sie ersuchen/ sich in dem sächsischen Annalisten auf das Jahr 1052. zu erkundigen: dort stünde ausdrücklich/ Pabst Leo wäre erstlich und zu vörderst nacher Regensburg/ und dann erst nacher Babenberg gekommen weil von Regensburg so nahe an Ostfranken läge./ hätte sich der Heil. Vater aber entschlossen/ Hartwiegen zu gefallen die Reise nacher Babenberg auf sich zu nehmen: Regensburg aber hätte nicht so nahe an Franken gelegen haben können/ wenn das ganze herumliegende Frankenland/ sammt Babenberg selbst nicht ein Theil Ostfrankens/ sondern des bayerschen Nordgaues gewesen wäre.

(a) Ditmar. L. VI. Chronic. p. m. 157.
(b) Acta SS. T. III. Jul. p. 773. n. 21.

30 §.

Der sächsische Annalist hat sich zwar/ wie andermale/ aus Ditmarn sattsam genähret. Denn auf das Jahr 1007. schreibt er ihn schier von Wort zu Wort aus: *Henricus a puero civitatem suam Babenberh, in Orientali Francia sitam, unice dilexerat, & coluerat, & eam conjugi suæ Cunigundi in dotem dederat.* Allein auf das Jahr 1081/ als zu welcher Zeit Ditmar schon lange todt war/ wurde er selbst Original/ und hinterließ uns Dinge verzeichnet/ die sich zu seinen Zeiten zugetragen: *in magno exercitu*, sagt er von den sächsischen Fürsten/ *pro illatis sibi injuriis Orientalem Franciam vastaverunt, & flamma latum iter sibi facientes non longe a Babenberh Suevis amicis suis occurrerunt.* - - Und auf das nämliche Jahr: *Saxones & Alemanni in Orientalem Franciam ad colloquium venientes non sine magna clade ejusdem Provinciæ ad sua redierunt.* Auf das Jahr 1106: aber: *Separantur in hoc opus* (zur römischen Gesandtschaft) *a Lotharingia Bruno Trevirensis, a Saxonia Henricus Magdeburgensis Archiepiscopi, ab Orientali Francia Otto Babenbergensis, a Ba-*

maria Eberhardus Eifstattenfis, uterque designatus Pontifex, ab Alemannia Gebehardus Constantienfis Episcopus. Da habe ich nun auch die Stimme des Sachsen für mich: sie ist keineswegs zweydeutig. Babenberg liegt in Ostfranken: die Alemannier und Sachsen haben sich in Ostfranken unweit Babenberg miteinander unterredet: Otto von Babenberg ist aus Ostfranken nacher Rom abgeordnet worden. Denn dieß ist beyläufig der Innhalt der lateinischen Stellen des Annalisten: das könnte aber alles nicht seyn: Otto könnte nicht aus Ostfranken abgeschicket worden seyn / wenn er nicht in Ostfranken gehöret / und sein Kirchensprengel unter einer baverischen Himmelsgegend gelegen hätte. Hier dörfte dem Hrn. Verfaßer so ein kleiner geographischer Gewissenszweifel aufstoßen: die Kirchspiele aller übrigen Bischöfe / dörfte er bey sich selber sagen/ welche in die Hauptstadt der Christenheit bestimmet waren / lagen ungezweifelt in denen Provinzen / aus welchen die Bevollmächtigten abgeschicket worden: das trierische in Lothringen; das magdeburgische in Sachsen; das Costanzische in Alemannien: das Eichstädtische in Bayern: (denn Eichstädt machte ja einstens einen Theil des nördlichen Bayern aus /) (1 §.) Mit was Recht habe ich denn den Bischof von Babenberg/ der aus Ostfranken abgeordnet worden / aus der nämlichen Provinz vertreiben / und selbe auf meine nordgauische Karte verseyen können?

#+++

31 §.

Gut! ich bringe auch die Urkunden der Kaiser ans Tagelicht: nur will ich meinen Lesern zum besten einige vorläufige Erinnerungen vorausschicken. I. Dittmar (a) sowohl/ als der sächsische Annalist (b) haben Babenberg/ als den Hauptsitz des neuen Kirchspiels/ und den herumliegenden Pagus von dem daselbst vorbeyströmenden Flüßgen Radantia / oder Radinzca/ der Rechnitz/ bey benamset: Dittmar sagt von Heinrich dem Heiligen: *Henricum Wirciburgensem Episcopum sibi multum familiarem, ut proposito animi suimet aspirare voluisset, parochiamque in pago, qui a Radinzca fluvio nomen sortitur, positam, concedere sibi concambio venticandam sepe rogavit.* II. Obschon einige Babenberg ins besondere mit unter dem Pagus Folkfeld begriffen haben / so haben sie doch die beträchtlichsten Theile des babenbergischen Bißthumes / welche K. Heinrich durch Vertausch von dem Bischofe zu Würzburg erhalten/ zu den radan-

gauer

gemer Pagus gezogen: als benanntlich Heinrich selbst in einer Urkunde auf das Jahr 1007: die Vätter der Versammlung zu Frankfurt/ und Heinrich der Bischof von Würzburg/ in dem Bestätigungs-Briefe: Otto der Zweyte in einer Urkunde auf das Jahr 975: Pabst Leo der 9te in einer Bulle. (c) III. War der Pagus Rangouw von solcher Weitschichtigkeit/ daß er entweder den Rabanzlerpagus/ nebst einen sehr kleinen Theil des Folkfelder Pagus in sich begriffen hat: oder aber gar kein anderer/ als der Pagus Rabanzgauue/gewesen/und man mag wohl nach Gewohnheit der damaligen Erdbeschreiber/ mit Veränderung einiger Buchstaben/ und Verkürzung des Wortes/ anstatt Rabanzgowe/ Rangouue geschrieben haben. Diese Muthmaßung gründet sich auf zwo Urkunden/ die Otto der dritte auf die Jahre 996 und 997/ für die Kirche des Heil. Stephans zu Maynz hat ausfertigen lassen. Darinnen stehet Buochinebach (Buechenbach nahe an Frauenaura an der Rechnitz) in pago Rangouue in comitatu Adalbardi Comitis. Dahero sagt der Hr. Abt Bessel (d) gar recht/ daß es klar erwiesen ist/ der Pagus Rangouue sey kein anderer/ als der Pagus Rabinzgouue. Dazu kömmt ein neuer Beweis/ den ich aus einer Urkunde Friedrichs des 1ten auf das Jahr 1160/ welche zu Pavia ausgefertiget worden/ hernahme. (e) Unter anderen drückt sich der Kaiser so aus: *Nobis - - - in curia celebri Babenberg pro tribunali sedentibus, consurgens in medium fidelis Imperii nostri Rapoto de Abenberg, Advocatus Burgi Babenbergensis, itemque Babenbergensis Ecclesiae beneficio Comes in Rangouue, conquestus est de Domino suo Würzburgensi Episcopo Gebhardo, ibidem praesente, quod in praefato comitatu occasione Ducatus sui (Franciae Orientalis) plurima sibi ex indebito jure vindicaret* u. s. w. *Super his igitur quaestione illico exorta inter Eberhardum Babenbergensem & praedictum Gebhardum Würzburgensem Episcopos, diuque satis ventilata - - - - pragmatica sanctione litem decidimus, adjudicantes & confirmantes, praenominato Babenbergensi Episcopo suisque successoribus in perpetuum, ac Comiti Rapotoni & eis, qui eundem Comitatum ab Episcopis Babenbergensis Ecclesiae pro tempore forent habituri.* u. s. w. Hieraus ersehen wir/ daß der Pagus Rabinzgau (denn so heißt bey mehreren das babenberger Gebieth) nichts anderes gewesen ist/ als der Pagus Ranquue: oder daß der Rangau/ als welcher ein weitschichtigerer Pagus war/ (wie solches aus Kaiserlichen Urkunden unstreitig erhellet:) (f) auch den Pagus Rabinzgau in sich begriffen hat. Man mag nach Belieben eine von beyden Muthmaßungen wählen: Franken hat nichts dabey zu verlieren / und wird allezeit die Ehre haben/ daß es Babenberg in seinem Bezirke eingeschlossen.

(a) Ditmar. L. VI. p. m. 139.
(b) Annalista Saxo ad A. 1007.
(c) Acta SS. T. III. Jul. p. 758. 774. Codex Udalric. Babenberg. apud Eckart. T. II. Corp. Hist. p. 59. 60. 61. 62. 91. Chronic. Gottwic. p. 598. Falckenstein T. II. Antiquit. Norgav. p. 174. 159. &c.
(d) Chron. Gottwic. p. 735.
(e) T. I. Script. Bamberg. p. 1126. & in Memoriis priscorum Comitum Leisnizensium auctore Schwarzio Altorffens. p. 19. & apud Falckenstein l. c. T. II. p. 262, & 263.
(f) Ex Diplom. Ludov. Pii & Regis Arnulph. apud Eckart. T. II. Franc. Orient. p. 711. 882. & 893.

32 §.

Nun so gewiß es ist / daß Rapoto Graf vom Rangaue gewesen: so ungezweifelt ist es auch / daß man ihn mit unter die ostfränkischen Grafen zählen muß. Man darf nur meine Abhandlung umblättern/ und man wird es so gleich in einer Arnulphischen Urkunde (. 12 §.) wahrnehmen / daß der Kaiser den Pagum Rangeuum ausdrücklich unter die Theile und Pagusse Ostfrankens gerechnet hat; und diese Schlußrede giebt sich von selbsten: der Pagus Rangen hat nicht zum bayerschen Nordgaue / sondern allein zum östlichen Franken gehöret: (31 §.) er war aber entweder selbst der radanzler Pagus / oder hat diesen wenigst in sich begriffen: (ebend.) So muß dann der Pagus Radanzgouue zu eben der Provinz gehören/ zu welcher der Rangau gehörte: das heist: zu Ostfranken. Hier ständer ein W. Z. E. W. nicht so übel. Ich will nur zuvor mehrere Beweise anrücken lassen/ die bishero im Hinterhalte gestanden. Der Verfasser der Lebensgeschichte des Heil. Apostels der Pomorn/ und babenbergischen Bischofes/ ein Zeitgenoß des sächsischen Annalisten sagt: (a) *eo tempore Orientalis Francia sterilitate annorum magna panis inopia laborabat. - - - Passim per plateas & agros mortui jacebant. - - Sed Vir Dei*

Dei misericordia plenus memor Tobie modo per se, modo per alius, sepeliendo officium complevit. Wo/ als zu Babenberg/ und in seinem Kirchspiele? In der Vorrede zum 2ten Buche aber: *Nunc autem expediendum, quod multis admirationi est, quare videlicet hi homines* (die Pomern) *tam procul ab orientali Francia & a Babenbergensi Ecclesia ... non alium quemquam de vicinioribus regnis vel Ecclesiis baptistam & praedicatorem, quam Baberbergensem Episcopum habere potuerint.* Im Kopfe dieses Geschichtschreibers muß es sehr unrichtig hergegangen seyn/ daß er geschrieben/ man habe so weit der (*tam procul ab orientali Francia*) einen Glaubensprediger in Pomern ruffen müssen: denn hat der Hr. Gegner recht/ so sollte in des heil. Otto Lebensbeschreibung für die Worte: *tam procul ab orientali Francia,* stehen: *tam procul a Bajoaria septentrionali.* Es steht aber nicht so darinnen: und ‒ ‒

(a) In Vita S. Othonis L. I. §. XX. apud Henric. Canis. T. II. Antiq. Lect. 362.

33 §.

Ich bestärke meine Beweise aus einer Urkunde Ludewigs des Frommen auf das Jahr 837: *In Pago Hrangaui in villa vocabulo Bargilli, & in eodem pago in quadam silva locum, qui vocatur Onoltesbach:* Ust Anspach. (a) Dazu kömmt eine Stelle aus der Lebensgeschichte der heil. Walburg/ welche Wolfhard von Hasenrieth zusammen getragen: (b) *est vicus in Francia, qui ab incolis appellatus est Bergila.* Dieses Bergila liegt noch heute zu Tage in dem wirklichen alten Rangaue zwischen Windsheim und Onoltsbach/ nahe an Burg-Bernheim/ wie man nur auf Homanns Karte des fränkischen Kreises ersehen kann. Weil es nun oben heißt/ daß so wohl Bergill oder Bargill/ als Windsheim/ und Onoltsbach/ zum Pagus Rangau gehören: Wolfhard aber bezeuget/ daß Bergila in Ostfranken liegt/ folget/ daß auch der Rangauerpagus/ und mit ihm der raugaubabenbergische Kirchensprengel/ unter die Theile und Pagusse von Franken zu zählen sind. Oder wo findet mans/

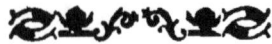

daß der Nordgau / oder die nordgauischen und bayerschen Paguffe einmal Frankenland geheißen haben?

(a) Vid. Eckart. T. I. Franc. Orient. p. 796. 489. 490. & T. II. p. 303. 884. 885.
(b) Wolfhard. apud Henschen. T. III. Febr. p. 527. n. 18.

34 §.

Wenigst hat Rodulph Glaber / der in dem nämlichen Jahrhunderte geschrieben / in welchem der heil. Heinrich das Reich verwaltet hat / Babenberg so gar nicht in Bajoarien versetzet / daß er es vielmehr in Sachsen gefunden haben will: ob er gleich im übrigen / Bayern von Sachsen wohl zu entscheiden wußte: In der Vorrede zum 5ten Buche schreibt er: *adificavit* (K. Heinrich) *quoque Monasterium in Saxoniæ loco, qui dicitur Baveberh.* Man kann ihm dieses kleine Versehen um so viel leichter verzeihen / je gewisser es ist / daß die Herrschaften des babenbergischen Kirchspieles / bevor sie zu einem Bißthume geworden / größtentheils von Slaven bewohnet waren / unter denen sich viele benachbarte Sachsen befunden haben mögen. Dieses ersieht man aus einem Schreiben / welches Arnold Bischof von Halberstadt an Heinrichen von Würzburg ergehen lassen. (a) *Nonne recordaris,* schreibt Arnold / *quod in priore anno ad eundem locum* (Babenberg) *nobis equitantibus, me advocato ad te, hujuscemodi sermonem, quasi præscires, habere cœpisti: si Rex ibi facere vellet Episcopatum, facile illum Ecclesiæ tuæ, quod tibi utilius esset, posse tribuere. Te parvum inde fructum habere, totam illam terram pene silvam esse, Slavos ibi habitare, se in illa longinqua vel nunquam, vel raro venisse.* So sagen auch die Väter von Frankfurt in dem Briefe / welchen sie über die Aufrichtung und Bestätigung des Bißthumes Babenberg verfertiget / daß K. Heinrich darum entschlossen war / das Bißthum *in quodam suæ paternæ hæreditatis loco Babenberg dicto ex omnibus rebus hæreditariis* zu errichten / *ut & paganismus Sclavorum destrueretur, & Christiani nominis memoria perpetualiter inibi celebris haberetur.* Daß sich daselbst Slaven wohnhaft niedergelassen / stehet öfter in dem nur erst angezogenen Leben des heil. Otto. Dahin

mag wohl auch Wilibald in dem Leben des heil. Bonifacius gedentet haben / wenn er erzählet / Bonifacius habe Burcharden Bischofen von Würzburg schon im 8ten Jahrhunderte die Kirchspiele *in confiniis Francorum, Saxonum & Slavorum* anvertrauet. Oder was sind denn dieß für Kirchspiele/ welche an die Franken/ Sachsen und Slaven gränzten/ als eben die Babenbergischen? Diese / da sie an die sächsisch- und slavischen Gränzen stiessen/ und abgemach von diesen Völkern bezogen worden/ konnten wohl nachmals Heinrichen von Würzburg abgeschrecket haben / eine sehr beschwerliche Untersuchung so weit entlegener Kirchspiele öfters auf sich zu nehmen. Aus eben dieser Stelle Wilibalds schliesse ich ferner / daß nicht nur das babenbergische Gebieth / sondern auch die bareuthischen Pflanzstädte (als bis wohin der babenbergisch- und vormals würzburgische Kirchensprengel sich erstrecket) keineswegs zum alten nördlichen Bayern/ sondern zu Franken gehört haben. Denn wenn der altbayerische Nordgau die Einwohner des babenbergisch- und bareuthischen Gebiethes in sich begriffen: hätte Wilibald schreiben sollen / die Sorge der Kirchspiele sey Burcharden in den bayerschen/ sächsischen slavischen/ nicht in den fränkischen Gränzen aufgetragen worden.

(a) T. I. Script. Bamberg. p. 114. 115. 116. & apud Hahn in Histor. Imp. P. II. p. 210. lit. e.

Vierter Abschnitt.
Von dem übrigen Frankenlande / und ins besondere von dem Banzgaue.

35 §.

Daß schon in der oben angezogenen Urkunde Arnulphs (22 §.) nicht allein Gozfeld / Grabfeld / und Rangau / sondern auch Thubargonue/ Jajasgeuui (Jachtgeu) Neckergeuui/ Chobargeuui (Kochergeu) Ipbgeuui u. s. w. unter den Theilen und Pagussen der östlichen Franken stehen : so hat es mit den mehresten Provinzen des itzigen Frankenlandes seine gute Richtigkeit. K. Arnulph hat sie in Ostfranken gesetzet : und eine unwahrscheinliche Muthmasung

E 2   kann

kann sie aus ihrer alten Lage nicht vertreiben. Die gegenseitigen Gründe sollen auch mehr untergraben werden/ wenn es sich zeigen wird/ was eine vergebliche Mühe man auf sich genommen/ da man uns weis machen wollte/ der bayerische Nordgau habe sich bis an das Kloster Banze erstrecket/ ja wohl gar den ganzen banzgauer Pagus in seinem prächtigen Umfange eingeschlossen. Denn wenn der alte Nordgau nichts um die würzburgisch- und babenbergischen Landstriche gewust hat: so muß man das nämliche von dem Kloster Banze und dem Banzgaue/ als dem grösten Theile des itzigen Fürstenthums Koburg/ sagen; weil so wohl dieser Pagus als selbes Kloster/ von würzburgisch- und babenbergischen/ das heißt von fränkischen Gebiethen und Kirchspielen allenthalben umringelt waren. Was man anführet/ mit dem Bonigaue in alten Nordgau einzubringen/ ist bey weitem nicht von solcher Wichtigkeit/ daß es vermögend wäre/ diesen Pagus von Franken wegzureißen.

Es heißt zwar in der akademischen Abhandlung  I Graf Hermann/ gebohrner Graf von Abenberg (wie man vorgiebt) habe durch das Ehebündniß/ welches er mit Alberaden einer Tochter und Erbinn Ottons des Markgrafen von Schweinfurt/ getroffen/ den Pagus Banzgau an sich gebracht. II Die markgräfliche Würde/ welche Hermann durch diesen glücklichen Heurath erlanget/ habe dem Pagus Banzgau angeklebet. III Selbst in der Urkunde des Klosters Banze/ welches eben dieser Hermann und seine Alberade gestiftet haben/ lese man/ daß alle Zeugen/ die darinn verzeichnet stehen/ nach Gewohnheit der Bajuvarier bey den Ohren gezogen worden: zum augenscheinlichen Beweise/ daß so wohl Hermann ein Boier gewesen/ als die banzischen Güter auf boischem Grunde gelegen haben.

36 §.

Allein/ darf ichs sagen/ was unter diesen Beweißthümern stecket: und ist mirs erlaubt die Unrichtigkeiten aufzudecken/ welche hin und wieder mitlaufen? Gesetzt auch! diese Alberade sey keine andere/ als Bertha/ Ottons von Schweinfurt Tochter; worüber ich mich hier nicht balgen will: so hatte sie ja dennoch keine andere Güter und Erbherrschaften/ als wovon Otto ihr Vater/ und Heinrich/ insgemein der Schweinfurter/ ihr Grosvater/ Herren waren. Wo müssen wir aber diese Familiengüter

Hein-

Heinrichs größtentheils auffuchen / als wo fie uns Adelbold / im Leben des heil. Heinrichs / fehen läst / wenn er uns berichtet / der König sey mit seinem Heere in Francken eingerücket / und habe Hezilons Güter verheeret? Mich deucht / Hezilons Herrschafften könnten wohl meistentheils da gelegen haben / wo sie Heinrich verwüstet hatte. Was meynen andere? Oder was hat man für Scribenten aufzuweisen / aus denen man mich überzeuget / daß die markgräfliche Würde mit dem Pagus Banzgau verknüpfet gewesen? oder wo steht denn etwas von der Marck Banze? Einmal war der Pagus Banzgau weder so vortreflich / noch in seinem Umfange so weitschichtig / daß er seine Besitzer zur markgräflichen Würde erhoben haben sollte. Und obschon die Grafschaft Banze den größten Theil der vermeynten Markgrafschaft ausmachte; so finde ich doch nicht / daß Heinrich der Anherr / oder Otto der Vater sich jemal Markgrafen davon geschrieben haben. Wenn aber der sächsische Annalist den Großvater der Alberade auf das Jahr 1059 *Marchionem Henricum de Suinvurde* nennet: so heißt er auch auf die Jahre 1021 / 1035 / 1036 / 1055 / 1057 ihren Vater schlechthin *Othonem de Suinvurde*. ohne eine Meldung von der Marck / oder Burg Banze zu machen. Da er nun auf das einzige Jahr 1047. seinen Otto *Marchionem de Suinvurde* betitelt; auf die vorgegangenen und nachkommenden Jahre aber ihm diesen Ehrennamen kein einziges mal beyleget: so muß ihn entweder damals die Gedächtniß auf eine Weile verlassen haben: oder Otto muß zwischen dem tausend sechs und dreysigsten / und 1047ten Jahre zur Markgrafschaft erhoben worden seyn. Nur fragt sichs / was dieß für eine Markgrafschaft gewesen? Keine andere / als woben Heinrich Ottons Vater / und Berthold / sein Großvater / schon Herren waren. Dahero heißt Heinrich bey dem sächsischen Annalisten auf die Jahre 977. 994. 1002. 1015. 1017. 1021. 1035. 1047 und 1059: (a) Berthold aber so wohl in der St. emmeramischen Uebergabe / (b) als bey Arnulphen von St. Emmeram / (c) Marckgraf Heinrich / Marckgraf Berthold.

(a) Item Ditmar. L. 4. p. m. 75, & L. VII. p. 221. 223.
(b) T. I. Peziani Thesaur. Anecdot. P. III. p. 99. cap. 33.
(c) Apud Canif. T. II. p. 57. L. I. §. XIII. & in præfat. Libr. II. p. 73. §. L & p. 122.

37 §.

Jtzt kömmt es nur darauf an/ wo sie denn endlich Markgrafen gewesen? Waren sie es in Ostfranken / zu Schweinfurt / zu Banze? Nein. Vielleicht gar in Bajoarien? wir wollen sehen. Von Bertholden sagen Ditmar (a) und der sächsische Annalist/ (b) daß Lothar der Aeltere/ Graf von Walbike/ der dem Kaiser meyneidig geworden/ in Bojarien verschicket/ und seiner (Bertholds/ des dasigen Grafen) Sorge anvertrauet worden. Von Heinrichen schreibt der nämliche Annalist (c) mit den ausdrücklichsten Worten / daß er nachmals Markgraf in Bayern gewesen. *Qui postea Marchio in Bavaria fuit.* Diese Markgraffschaft bestand aus dem jenigen Theile Bajoariens/ welcher das nördliche Bayern/ oder alte Nordgau hieß. Denn die Vorältern Ottons und der Alberade/ Berthold und Heinrich / hatten ihre Güter und Herrschaften nicht nur in Ostfranken / sondern auch in dem angränzenden Nordgane: maßen die Burg Amarthal, welche im wirklichen Nordgaue/ nahe bey Amberg liegt / das Stamengut Heinrichs von Schweinfurt gewesen/ und nachmals von dem heil. Heinrich verheeret worden ist. (d) Wenn denn nach Adelbolds/ (e) Ditmars (f) und des sächsischen Annalisten (g) Aussage / Markgraf Heinrich sich bald zu den Böhmen / wider den Kaiser : bald zu den Kaiser/ wider die Böhmen geschlagen hat ; mochte wohl die so nahe an Böhmen stoßende nördliche Mark dazu Gelegenheit gegeben haben.

(a) Ditmar. L. II. p. m. 29.
(b) Annalist. Saxo ad A. 943.
(c) Ad A. 977.
(d) Adelbold. Ditmar. Annalista Saxo.
(e) Adelbold. ad A. 1002.
(f) Ditmar. L. IV. p. m. 114. 115. 116.
(g) Annalist. Sax. ad A. 1002. 1015. 1017.

38 §.

Aber dieß muß man sich nicht einbilden/ als hätte der sächsische Annalist/ da er von Heinrichen redet / und ihn auf das Jahr 977. *Marchionem in Bavaria*;
auf

auf das Jahr 1057. *Marchionem de Suinverde* nennet / uns sagen wollen / es hätte eine Markgraffschaft Schweinfurt gegeben / welche in dem bayerschen Nordgaue zu suchen wäre. Schweinfurt war ein Theil des würtzburgischen Kirchensprengels: und wer dem Annalisten und so vielen anderen oben angeführten Scribenten nicht widersprechen will / muß überzeiget seyn / daß dieser Kirchensprengel zu Ostfranken gehöret hat: wie will man denn also Schweinfurt in den Nordgau übersetzen? Zu dem lag dieser Ort im Schoose Frankens: und ein Anfänger in der Geschichtskunde kann es uns sagen / daß die Markgrafen nicht in die Mitte; wohl aber an die Gräntzen der Provintzen / wider die Slaven und Barbaren / gesetzet worden sind. So muß sich ja der Namen Markgraf / welchen der Annalist Heinrichen beygeleget / bloß auf das Amt beziehen / welches er an der Gräntze des nördlichen Bajoarien / gegen die böhmischen Wälder und wider die Slaven / als Graf dieser Gräntze vertretten hat: das beygesetzte Schweinforde aber muß von seinem Erbgute / das er in Franken hatte / der Stadt Schweinfurt nämlich / verstanden werden. Und auf solche Weise sieht man / wie Heinrich bey Ditmarn und dem Annalisten; Berthold sein Vater hergegen in dem St. emmeramischen Uebergabbriefe / *Francorum Orientalium Comes ac decus,* heissen.

Ich schreibe dieses nicht nur so in den Tag hinein: ich habe guten Grund. Man lese nur / was eben der Annalist von den beyden Ottonen sagt. Von Otto / dem Sohne unseres Markgrafen Heinrichs heißt es bey ihm auf das 1058.te Jahr: *Juditha Soror Ottonis Ducis de Suinverde.* Wie? eine Schwester Ottons / Hertzogs von Schweinfurt? so war Schweinfurt nicht nur eine Markgraffschaft: und ich sehe so gar ein Hertzogthum daraus werden? das ist freylich artig! allein die Worte: *Ducis de Suinverde,* sind so klar / als die ersten: *Marchionem de Swinforde.* Pasen diese für die Markgraffschaft Schweinfurt: müssen jene auch für das Hertzogthum gleiches Namens gelten können. Keines von beyden! Der Annalist nennet den Otto einen Hertzog (*Ducis*) von dem Hertzogthume Schwaben / welches auf ihn gekommen: das dabey stehende *de Suinverde* aber nahm er von Ottons Herkommen / oder wenigst von dem vornehmsten Sitze seiner Erbherrschaften her. Der Annalist giebt mir diese Andeutung selbst in die Feder / da er auf das Jahr 1057 ausdrücklich schreibt: *Otto .. Suinverde Dux Suevorum . . obiit.* Eben so ist es mit dem

dem Otto von Northeim. Bey dem nämlichen Sachsen steht von ihm auf das Jahr 1057: *Otto Dux de Northeim.* Und doch ist es gewiß/ daß es kein Herzogthum Northeim jemals gegeben hat. Es hat aber diese Stelle so wenig Schwierigkeit/ als die vorige. Man lese nur weiter/ und der Knotten soll sich von selbsten entwickeln: *Genere Saxo*, fährt er fort von diesem Otto zu schreiben/ *Dux autem Bavariæ - - filius Bennonis de Northeim.* Auf das Jahr 995 hat er eine andere Stelle / die noch artiger lauten dörfte / wenn man sie so / wie sie vorkömmt / verstehen wollte. *Usque ad tempora Heinrici Imperatoris de Babenberck*, heißt es da. Heinrich war ja nicht Kaiser von Babenberg: die beyden Ottone waren ja nicht Herzoge von Schweinfurt oder Northeim: warum müssen dann eben Heinrich und Alberade Markgrafen von Schweinfurt seyn? genung/ wenn es wahr ist/ daß ihre Mark hier an Franken/ dort an den Böhmerwald stieß/ und nichts anderes als der Nordgau war: so ist der Annalist mit seinem *Marchio de Suinforde* u. s. w. schon aus dem Gedränge: und meine Leser werden das nämliche auf Markgrafen Hermannen/ den Eheherrn der Alberade, und Stifter des Kl. Banze/ anzuwenden wissen. Wenn sie aber nirgends eine Spur von einer Markgrafschaft Banze antreffen / werden sie nur noch fragen / wie ihm denn der Name eines Markgrafen zukommen könne/ der er sich in den Schriften bemeldeten Klosters doch selbst beyleget. Ich werde diese Frage nicht unbeantwortet lassen.

39 §.

Zuvor muß ich eine gewisse Dreistigkeit ahnden/ welche ich schon zu Anfang dieses Abschnitts angemerket habe. Es scheint mir zu übertrieben zu seyn/ wenn man so sicher hinschreibt: es sey unläugbar/ daß sich Markgraf Heinrich/ ob er schon aus dem Hause von Abenberg abstammte / sich dennoch für einen Bayer gehalten hat. Wie so? ist Heinrich von abenbergischem Geblüte entsprossen/ so muß er sich unter die fränkischen/ nicht unter die bayerschen; er muß sich unter die rauganischen/ nicht unter die nordgauischen Grafen gezählet haben. Wenigst fleußt die Rechnitz vor Abenberg so gut/ als vor Babenberg vorbey: und habe ich schon oben aus einer babenbergischen Urkunde erwiesen/ daß K. Friederich der 1te den Rapoto von Abenberg einen Grafen

von Rangau genennet/ aus Arnulphen und Wolfarten aber/ daß man den besagten Pagus Rangau in den mittleren Zeiten zu Ostfranken gerechnet hat. Oder wenn Hermann von Abenberg gewesen/ warum läßt er es; warum lassen es uns die unterzeichneten Zeugen nicht wissen? ich habe in dem obigen Stiftungsbriefe zween Grafen von Abenberg: *Wolfram Comes & Otho frater ejus de Abenperg.* Sie müssen Hermanns Brüder/ Enkeln/ oder Vatersbruders Söhne/ oder Blutsverwandte gewesen seyn. Warum heißt denn aber nur Otto Wolframs Bruder? warum stehet so gar nichts von der Blutsverwandtschaft mit dem Stifter Hermann dabey? Es läßt sich nicht zweifeln/ daß nicht die übrigen Grafen/ deren Namen ebendaselbst verkommen/ so viel Achtung für den Stifter getragen haben würden/ daß sie in der banzischen Urkunde denen jenigen den Rang liessen/ welche selbst von gräflichem Hause stammeten/ und zugleich mit dem Stifter so nahe verwandt wären.

Heinrich Abt von Banze/ Brower/ Hr. von Falkenstein/ Schannat/ Eckart/ Brusch/ Hund (a) haben es besser getroffen/ da sie diesen Hermann Markgrafen von Vohburg genannt haben. So läßt sich auch leichter errathen/ warum Alberade ihr ehmaliges Vorhaben/ im Witwenstande zu verbleiben/ geändert hat/ und zur zweyten Ehe mit Hermannen von Vohburg/ geschritten hat. Weil sie nämlich aus ihrem ersten Ehebette; mit keiner Nachkommenschaft damals versehen ware/ und ihren Stammen dennoch nicht gänzlich erlöschen sehen wolte; verband sie sich mit einem Manne/ der mit ihr aus einem Blute/ obschon etwas weitschichtiger/ herstammete/ oder doch in Verwandtschaft mit ihr stünde. Und einen solchen fand sie an unserem Hermann. Er war Markgraf von Vohburg: es mag nun seyn/ daß er selber die Markgrafschaft verwaltet; oder diesen Ehrentitel von seinem Vater gleichsam erblich an sich gebracht hat. Hr. von Eckart (b) hat aus Arnulphen von St. Emmeram klar erwiesen/ daß Alberadens Großmuhme/ Ottonis von Schweinfurt Muhme/ und Heinrichs von Schweinfurt Schwester mit dem Markgrafen von Vohburg/ dem Vater Arnulphs/ schon vorher verheirathet gewesen ist.

§ 40 §.

(a) T. I. Op. Genealog. pag. ult.
(b) Eckart in præfat. Hist. Genealog. Princip. Saxon. Sup. p. 16. 17.

40 §.

Ferner kömmt mirs sehr fremd vor/ wenn ich in der akademischen Schrift lese/ es wären nach Zeugniß der banzischen Urkunde/ alle darinnen vorkommende Zeugen *more Bajuwariorum* bey den Ohren gezogen worden. Diese Worte: *more Bajuwariorum* fand ich weder bey Hunden/ auf den sich der Hr. Verfasser doch selbst berufft/ (a) noch bey Hrn. von Falkenstein (b): ja nicht einmal in der Urschrift selber/ welche noch heute zu Tage in dem Kl. Banze aufbehalten wird/ und im Jahre 1542. von Christoph Schiffela ehmaligen öffentlichen Notar zu Bamberg/ aufs genaueste abgeschrieben worden. Es verhält sich aber schlechterdings nicht so/ wie in der Abhandlung steht/ daß alle/ gar alle Zeugen (unter welchen 10 Grafen waren) bey den Ohren gezogen worden sind: denn die Erzählung von dieser Ohrenzugschaft bezieht sich nur auf jene/ deren Namen nach den 10 Grafen/ und nach dem *Timo* und *Tegino* stehen. In der authentischen schifflischen Abschrift kömmt nach *Tegino* ein Punct/ und es heißt: *Timo, Tegino. Ingenui testes per aurem tralli Friderich, Poto, Eppo, Erbo, Poppo, Hermann, Linprecht & alii.* Da finde ich weder von dem Gebrauche der Bayern/ noch von dem Zupfen der Grafen etwas. Die Grafen könnten auch nicht daher gezogen werden/ weil wenigst die zween Grafen von Abenberg/ die unter den Zeugen stehen/ zu den rangauischen/ und folglich zu den ostfränkischen Grafen gezählet werden müssen. Denn wenn uns die Neueren allenthalben erzählen/ daß die abenbergischen Grafen von den Bayerschabenbergischen abstammen/ und die 32 Söhne des Babo von Abensperg von K. Heinrichen mit zerschiedenen Reichs-Lehen beschenket worden/ können sie mit keinem Grunde aus dem Alterthume aufkommen: und aus der Urkunde Hermanns Markgrafen von Banze/ möchte man wohl besser schließen/ daß man viel eher in Franken/ oder dem Raugaue die Grafen von Abenberg/ als in Bayern die abenspergischen/ unter den deutschen/ habe nennen hören.

So folget denn aus den Ohrenziehen/ wovon in der banzischen Urkunde Meldung geschicht/ weiter nichts/ als daß diejenigen/ mit denen dieses Gepräg beobachtet worden/ Bayern gewesen seyn mögen/ welche dem Hermann/ ihrem Herrn und zukünftigen Gemahle der Alberade/ aus dem Nordgaue in Franken nachgezogen: oder daß dieses nämliche Gepräg etwa nicht nur in Bayern/ sondern auch in dem benachbarten Franken im Schwange gewesen/ wenn je diejenigen/ die zu letzt bey den Ohren gezogen worden/ Franken gewesen sind. Vielleicht haben auch die Franken/ die Hermanns Vasallen gewesen seyn mochten/

diesen

diesen Gebrauch ihrem Markgrafen zu Ehren beybehalten/ weil er als der Stifter/ ein Bayer von Vohburg/ und an seine vaterländische Gebräuche und alle Gesetze schon gewöhnet war. Dieß seynd die wahrscheinlichen Folgerungen/ welche uns die banzische Urkunde machen läßt. Aber um dieser Ursache willen das banzische Gebieth zu einem bayerschen Grund und Boden machen/ das läßt sie nicht zu. Banze samt den umliegenden Gütern/ welche Heinrich GOtt und dem neuen Kloster verschrieb/ gehörte so gut zu Ostfranken/ als der babenbergisch- und würzburgische Kirchensprengel/ wovon es schier allenthalben umgeben ist.

(a) Apud Hund. T. I. Op. Genealog. pag. ult.
(b) Falckenstein T. II. Antiq. Nordgav. p. 142.

✳xxxxxxxxxxxxxxxxxxx!xxxxxxxxxxxxxxx+xx✳

41 §.

Es wäre noch eine Anmerkung übrig/ die eben nicht undienlich seyn sollte. Aus dem/ daß es sonderheitlich im Bayerschen ein altes Herkommen war die Zeugen bey den Ohren zu zupfen/ folget noch nicht/ daß jeder Ort/ wo man den Leuten so ein Zeugschaftsangedenken gemacht/ eben darum in Bayern gelegen haben muß. Z. B. In der freysinger Geschichte (a) lesen wir folgendes. Da Balderich ein edler Bayer/ zu Verdun der Kirche von Freysingen einige bayersche Güter vergabet/ sind die bayerschen Zeugen *More Bajuwariorum* gleichfalls bey den Ohren gezogen worden. War darum Verdun eine bayersche Stadt/ und hat sich das bayersche Gebieth auch biß dahin erstrecket? Das nicht. Was dann? Es war zu Verdun öffentliche Reichsversammlung: drey königliche Brüder kamen alda zusammen/ und viele aus den Bayern trafen daselbst auch ein. Da nun Balderich/ der die Vergabung machte/ ein Bayer war/ und seine Landsleute zu Zeugen nahm; wurde auch das in Bayern übliche Gepräng/ obschon in einem fremden Lande/ beobachtet. Da kömmts nun allgemach heraus/ wie viel auf den Beweis zu bauen sey/ der sich auf die banzische Urkunde gründet. Es konnten ja die Herrschaften der Bayern/ die sie aneinander vertauschten oder verschenketen/ in Schwaben und Franken vertheilet liegen: und die Adelichen und Ordensleute konnten auch schon damals/ wie noch heute zu Tage/ viele Güter/ die doch in verschiedenen Provinzen lagen/ theils durch Vergabungen/ theils durch Vertauschungen/ theils erblich an sich gebracht haben. So zwingt uns ja gar keine Noth/ auch den Banzgau an den alten Nordgau anzustücken. Auch dieser beträchtliche Theil bleibt davon weg/ und er wird vor unsern Augen immer kleiner. Er schwindet.

(a) Histor. Frising. Meichelbeck T. I. P. II. Instrum. n. 629. ad A. 843.

Fünfter Abschnitt
Von dem sualafelder / und rieser Pagus.

42 §.

Ich sah diese zween Pagusse nicht ohne Verwunderung auf der nordgauer Karte: und dennoch gehören sie so wenig dahin/ als jene Theile Frankenlandes/ die ich mich bishero auszumustern bemühet habe. Eh ich zu den Beweisen schreite/ setze ich einen vorläufigen Begriff des sualafelder Pagus hieher/ so/ wie ich ihn in alten Schriften finde. Meine Leser/ die nicht alle von gleich starker Einsicht in die alte Geographie seyn möchten/ können sich ihn zu Nutzen machen. Und zwar melden überhaupt von diesem Pagus schon die fränkischen Könige bey den Abtheilungen der Reiche/ die sie machten/ und worüber einige Annalisten (a) nachgeschlagen werden mögen. Ins besondere aber waren folgende Oerter unter diesem Pagus begriffen: Baozesheim/ (Baisersheim) Chuningesbaid/ Briecheslat/ Cozesheim (Goßheim) Monnheim/ Wemding/ Altheim/ Pappenheim/ Pinetwangen/ Tettenheim/ Duimereheim/ Echlnberg/ Mulenheim/ Drutelingen/ Solenhofen/ Heidenheim (im Anspachischen) Gunzenhausen u. a. m. (b)

(a) Annalista Bertinianus ad A. 838. Regino ad A. 876. & ex hoc Anal. Met. & Saxo ad e. a. 876.

(b) Vid. Vita S. Wunibaldi apud. Canis. T. IV. Lect. antiq. p. 525. Vita S. Solæ Ibid. p. 739. Rudolph. in Vita B. Rabani T. I. Febr. p. 516. n. 18. & 20. Wolfhard. Presbyt. in Vita S. Walburgæ apud eund. Canis. l. c. p. 616. & in Act. SS. T. III. Febr. p. 540. n. 10. Meichelbeck T. I. Hist. Frising. P. II. Instrum. p. 85. n. 111. Diplom. Ludov. Pii & Conradi Regis apud Falckenstein T. II. Antiq. Nordgav. p. 162. 163. Pezium T. I. Anecdot. P. III. p. 45. seqq.

43 §.

Fragt man nun die Herleitung des Namens dieses Pagus; so kann man sie von der Suala einem Flüßgen/ welches insgemein die Schwale heißt/ und bey Donauwerd sich in die

die Wernitz ergeuſt / verholen. In der 111ten Freyſinger Uebergabe ſteht: *In pago Sualavelda super fluvium Sualanna*: und daß die alten deutſchen Paguſſe ihre Namen von Strömen und Flüſſen behalten / hat man ſchon aus den von mir hin und wieder angeführten (12 und 15 §§) Tubargouue/ Neckergouue/ u. a. m. erſehen. So viel man aus den oben (42 §) beygebrachten Oertern ſchlüſſen mag/ hat ſich der Pagus Sualifeld bey Donauwerd zwiſchen der Rinnſalen der Wernitz und Altmühl/ durch Kaiſersheim / Monnheim/ Weinding/ Solenhofen/ Altheim/ Pappenheim/ Treuchtling / und Heldenheim wenigſt biß an Gunzenhauſen erſtrecket: von da aus gieng er an dem anderen Uſer der Altmühl zwiſchen dieſen Fluſſe/ und der Rednitz (insgemein die ſchwäbiſche Rednitz oder Rezat genannt) durch Stopfenheim/ Weimersheim/ Dettenheim/ Biſſwang bis an den groſen pappenheimer und weiſenbuerger Wald/ als die Gräntze von Eichſtädt. Man kann hierüber auf Homanns Karten die Graffſchaften Oettingen und Pappenheim einſehen.

44 §.

Jetzt muß ſich zeigen/ ob man den ſualfelder Pagus mit gutem Fuge an den alten Nordgau angehänget hat. Das ſoll uns nicht viel koſten. Zween alte und bewährte Scribenten haben uns ſchon längſt aus den Zweifel geholfen. Der bertinianiſche Annaliſt ſagt auf das Jahr 838/ daß bey der Vertheilung der Reiche/ die durch Ludwig den Frommen geſchehen/ der Ducatus der Auſtraſier *cum Sualafeldo & Norogo*, oder dem Nordgäue auf den erſtgebohrnen Sohn Lothar gefallen iſt. Gleichwie nun in dieſer Stelle Sualafeld beſonders ſteht/ ſo gut als Nordgau: ſo ſind es zweyerley/ obſchon ſehr nahe beyſammen liegende Paguſſes und war Sualafeld ſo wenig ein Theil des Nordgaues/ als der Nordgau ein Theil des ſualafelder Pagus. Der zweyte iſt ein Prieſter von Maynz/ deſſen Namen nicht auf uns gekommen iſt. Die wahrſcheinlichere Muthmaßung geht dahin/ er habe im eilften Jahrhunderte gelebet. Im Zuſatze zum Leben des heil. Bonifacius (a) ſchreibt er: *dimiſit (Bonifacius) de Reganesburg, & Augustburg & Salzburg, Nordgawy & Salafeld (Sualafeld) & adunavit unum membrum Ecclesiae & Episcopalem Sedem ibi constituit, ibidemque Wilibaldum* u. ſ. w. Ein gleiches finde ich bey einen Schriftſteller des 14ten Jahrhunderts (b). Beyde legen uns Sualafeld und Nordgau unter ihren beſonderen Namen vor.

Hätte

Hätte der Nordgau den sualafelder Pagum schon in sich eingeschlossen; was war es nöthig/ daß der Annalist und der Scribent von Mayntz/ Sualafeld ins besondere hinschrieben? Der ansehnliche Nordgauerpagus begriff viele andere Pagusse in sich/ die entweder beträchtlicher waren/oder doch eher verdienten angeführet zu werden. Nur vom Ehelesgauerpagus zu reden: er lag gewiß im Nordgaue/ und wenn wir auf alte Zeugnisse bauen dörfen/ übertraf er/ man mag die Länge oder Breite nehmen/ den sualafelder Pagus: oder gab ihm gewiß nichts nach. Will man ein und anderes Buch nachschlagen (c)/ wird man in diesem Ehelesgaue Adelschlag/Kösching/Mündorff/Manching/Weltenburg/ antreffen: vielleicht gehöret auch Kellheim daher/ welches man zu selben Zeiten Ehelesheim genennet haben möchte. Warum melden denn die Scribenten nichts vom Ehelesgaue/ da sie vom Nordgaue reden: und warum nennen sie uns nur Sualafeld? Mir kann die Antwort nicht schwer fallen; ich darf nur sagen: Ehelesgau war ein Theil des Nordgaues; Sualafeld war keiner davon: so mußten denn die Scribenten den sualafelder Pagus besonders nennen; bey dem Ehelesgaue aber mochten sie diese Mühe sparen / weil er schon mit unter dem Nordgaue begriffen war.)

(a) Cap. II. n. 5.
(b) Martin. Fuldens. in Chron.
(c) Acta SS. T. III. Febr. p. 536. 537. in Vit. S. Walburg. Pezius T. I. Anecdot. P. III. p. 19. ad A. 851. Gewold. T. I. Metropol. p. 247. ad A. 887. Falckenstein T. II. Antiq. Nordgav. p. 144. lit. b. c.

45 §.

Es kömmt mir vor/ Wolfhard der Priester wolle das nämliche behaupten/ wenn er in der Lebensgeschichte der heil. Walburg von einem sualafeldischen Gesetze Meldung thut. Man muß merken/daß dieses kein nordgauisch/kein bayerisches Gesetz gewesen: es war ein sualafeldisches: Wolfhard sagt: *Sicut lex Sualafeldica continet.* (a) Hat man aus dem in Bayern üblichen Gepränge/die Zeugen bey den Ohren zu zupfen/schließen können/daß die Zeugen in Hermans Urkunde Bayern gewesen/ muß man mir meine Folgerung auch gelten lassen/die ich aus Wolfhards Erzählung ziehe/ und die darauf beruhet/ daß die Sualafelder/ wenn sie besondere Gesetze hatten / auch ein besonder Volk ausgemacht / und nicht zum Nordgaue/ nicht zu Bayern gehöret haben. Was würde wohl sonst aus der Urkunde Ludewigs des Frommen werden/ welche Dom Mabillon in seinen vorläufigen Anmerkungen zur Le-
brns.

bensgeschichte des heil. Sola/ anführet. Darinnen lese ich: *Cella Solæ* (Solenhofen) *in pago Saala, seu Sualefeld juxta fluvium Altmule in confinio Thuringiæ & Bajoariæ*. So hatte Ludewig Solenhofen/ und nebst Solenhofen/ welches nur am äufersten Theile von Austrasien und Großthüringen liegt/ auch den übrigen sualafelder Pagus gezählet/ der noch weiter von Bajoarien entlegen: und die Gelehrten wissen es/ daß schon nach Zeugniß des Erdbeschreibers von Ravenna / und selbst der ludewigischen Urkunde / dieses Großthüringen bis an die Donau sich erstrecket/ und nach der Aussage Ludgers/ Wilibalds/ und Hucbalds/ die Austrasier/ Hessen/ und die besonders so benamsten Thüringer/ in sich begriffen hat. Hätte der Kaiser geglaubt/ Solenhofen/ nebst dem ganzen sualfelder Pagus wäre ein Theil von Bojarien / wie hätte er sagen können/ die Zelle des Sola gränze an Bajoarien. (*in confinio - Bajoariæ*) da sie doch nicht an den äufersten Gränzen von Bojarien / sondern beyläufig noch 7 Stunden weit davon hätte liegen müssen ; denn so weit ist bis an die wahren Gränzen Bojariens / oder Gunzenhausen/ und das ansbachische Franken/ welches auch ein Theil von Thüringen war. Wenigst sagt Adelbold im Leben des heil. Heinrichs (b)/ Augsburg habe *in confiniis Bavariæ & Alemanniæ* gelegen: Wer wird aber sagen wollen/ daß zwischen Augsburg und der bayerschen Gränze ein Zwischenraum von 7 Stunden sey : Die Bedeutung des Wortes *Confinia* wird von den Scribenten so sehr eingeschränket/ daß sie es nur von den äufersten Gränzen / welche die Provinzen voneinander absonderen/ zu gebrauchen pflegen. Darum zählet auch K.Ludewig den sualafelder Pagus/ der sich wenigst bis Gunzenhausen erstrecket/ nicht zu Bayern/ sondern zu Großthüringen oder Austrasien/ welches einen Theil von Großthüringen ausmachte: Solenhofen aber zu den Gränzen des austrasischen Thüringen / die an den Nordgau anstoßen. Und billig: denn wer in der Lage der solenhofer Gegend nicht fremd ist/ und den grossen pappenheimer und weissenburger Wald kennet/ welcher schon ehmals den fränkischen Königen zu den gewöhnlichen Jagdlustbarkeiten gedienet hat : (c) wem die bergigten/und vor alten Zeiten gänzlich verwilderten Gegenden um Eichstädt nicht unbekannt sind : dem muß es nicht seltsam vorkommen/ wann ich sage/ daß eben dieser Wald/ eben dieses bergigte Revier/ die ehmaligen Gränzen des bayerschen Nordgaues ausgemacht/ und ihn so gut von Sualafeld und dem Frankenlande abgesonderet haben/ als im 11ten Jahrhunderte der thüringer Wald den Thüringern gegen Franken : der Speichershart aber dem Frankenlande gegen Bajoarien die nämlichen Dienste gethan/ wie aus dessen schon der sächsische Annalist auf das Jahr 1078 / und Adelbold im Leben des heil. Heinrichs auf das Jahr 1002 erinneret haben.

46 §.

(a) Vid. Act. SS. T. III. Febr. p. 526. & Henr. Canis. T. IV. p. 616.
(b) T. III. Jul. p. 751.
(c) Ex Diplom. Ludov. Pii apud Falckenstein T. II. Antiq. Nordgav. p. 163.

46 §.

Daß der fualafelder Pagus keinen Platz im alten Nordgaue; so ist es auch um den rieser Pagus geschehen: er muß gleichfalls aus der neuen Karte! Was kann denn aber ich dafür/ daß diese zween Pagusse so gar nicht vortheilhaft für das neue Lehrgebäude des Hrn. Verfassers liegen. Es ist drum schon so. Der fualafelder liegt so genau vor dem rieser her/ und wendet seine Spitze/ und beyde Seiten solcher Gestalten dem Nordgaue entgegen/ daß er den ganzen rieser Pagus verdecket/ und hinter sich läst. Deß hätte man wohl wissen können. In den Urkunden K. Pipins auf das Jahr 760/ K. Arnulphs auf das Jahr 898/ Heinrichs des Heiligen/ auf das Jahr 1007/ und 1017 sind Nordlinga/ oder Nordilinga; Thininga/ oder Deining nahe bey Nördling/ und Deckinga/ welches einstens ein Königshof war/ nachmals aber ein Benedictinerkloster geworden ist/ im rieser Pagus/ in pago Rhetiensi oder Rietzzin (a). Will man diese königlichen und kaiserlichen Urkunden gegen jene halten/ welche ich für den fualafelder Pagus angeführet habe/ wird man unschwer ersehen/ der fualafelder Pagus habe eben dort aufgehöret/ wo der rieser Pagus sich angefangen; das Flüßgen Wernitz aber habe zwischen ihnen beyden hingeströmet. So wird nun auch der rieser Pagus zu der Provinz gezählet werden müßen/ zu welcher Nördlingen/ oder doch die nächstdarangelegenen Orte gehören.

(a) Vid. Eckart. T. I. Franc. Orient. p. 554. 570. Pez. T. I. Anecdot. P. III. p. 35. 36. Falckenstein T. II. Antiq. Nordgav. p. 162. Khuen in Collect. Script. Monast. p. 65. T. I. P. I.

47 §.

Aus diesen Orten habe ich das einzige Holtzkirchen auserlesen um es beyspielsweise herzusetzen. Dieses Holtzkirchen ist etwa 4 Stunden von Solenhofen/ und 2 von Nördlingen/ am jenseitigen Ufer der Wernitz/ entlegen/ und noch heute zu Tage mit einer
-Brücke

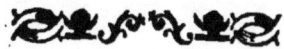

Brücke versehen. Um zu erfahren/ welcher Provinz dieser Ort einverleibet gewesen; darf man sich nur bey Rudolphen den Priester/ einem Scribenten aus dem 9ten Jahrhunderte/ anfragen. Er war ein Jünger des heil. Rabanus/ dessen Lebensgeschichte er verfaßet hat; und verdient darum desto mehr Glauben/ weil er diesen Ort selbst gesehen/ und mit seinen Gesellen dahin gereiset ist. Dieser Rudolph erzählet uns dann erstens/ (a) daß Addo der Priester im Jahre 836 mit heil. Gebeinen *ad Cellam , quæ vocatur Suolenhus* (Solenhofen) *sitam in regione Suala vel Dominorum*, oder dem sualafeldet *Pagus/* gekommen. Zweytens/ daß sie (worunter er selbsten war/ da von Fulda dem Addo entgegen geschicket worden (b)) *ad locum*, *qui vocatur Holzkircha , situm in Alemannia*, (c) verreiset sind. Drittens/ daß sie sich von da aus nacher *Trichtimintingam ;* (Truding) von Truding in einen andern Ort / *in locum , qui vocatur Haffarods , in quo Monasterium Monachorum* , verfüget. Es war dieß Herrenried/ ein ehmaliges Benediktinerkloster: welches itzt weltliche Stiftsherren inne haben. Viertens/ als sie von Herrenried aufgebrochen/ seyn sie *per singulos dies a mane usque ad vesperam* von ganzen Schaaren der Leute begleitet worden/ bis sie endlich Hamelburg (d) an der Saala/ Lichtolvesbach und Fulda erreichet haben. Fünftens/ daß folgende 817te Jahr hat Theodor andere heil. Gebeine aus Wälschland in Franken überbracht/ und dabey den nämlichen Weg über Solenhofen und Holzkirchen gemacht. Zu Holzkirchen hielt er sich 12 Tage lang auf/ und erwartete aus Franken vom Rabanus eine Antwort. Sechstens/ nach der Abreise der Abgeordneten machte er sich gleichfalls von Holzkirchen auf/ und gieng durch Allemannien/ Franken zu. Auf dem Wege in Franken/ gen Fulda/ kamen ihm des Rabanus Abgesandte entgegen/ mit Befehl/ er sollte der heil. Märtyrer Januarius und Magnus Gebeine in *Monasteriolo, quod vocatur Ho'zkiriha, situm in Provincia Waldsazi*, ablegen. Siebendens ist Rudolph/ der Lebensbeschreiber/ auf Verordnung des Rabanus dem Theodor selbst entgegen gegangen/ und hat ihn in *villa Bischofesheim* angetroffen/ Tages darauf kamen sie beyde nacher *Holzhiricham ;* legten allda die Gebeine der besagten Heiligen ab : mit den übrigen Heilthümern aber setzten sie ihre Reise weiter an den Mayn/ und das an diesem Strome gelegene Kloster Zellingen/ und letzlich nacher Fulda fort.

(a) Rudolph. in Vit. B. Rabani cap. IV. n. 18. 19. 20. 22. 24.
(b) num. 19.
(c) n. 20.
(d) n. 25.

48 §.

Hier ist nun in kurzem Rudolphs ganze Reisebeschreibung. Ich mache nur drey Anmerkungen. Erstens unterscheidet er Holzkirchen/ welches nicht weit von Nördlingen und Solenhofen entlegen/ und wo er selbst auf seiner im Jahre 836 mit dem Abbo gemachten Reise/ von Solenhofen aus gleichsam den ersten Rastlag machte; dieses Holzkirchen unterscheidet er aufs deutlichste von einem anderen/ welches er *Monasteriolam* nennet/ und nicht weit von Hohenburg/ in der heutigen Grafschaft Wertheim/ und alten Proviñz Waldsassen/ gelegen hatte/ wo nämlich im Jahre 837 Rudolph und Theodor einander begegneten. Zweytens bezeuget Rudolph/ daß das rieser Holzkirchen zu Alemanniens: das Klösterchen Holzkirchen aber/ welches näher bey Bischofsheim/ Hohenburg/ Würzburg/ dem Maynstrome/ und Zellingen war/ zur Provinz Waldsassen/ und folglich zu Ostfranken/ gehöret hat: wie solches aus der oft angezogenen Urkunde Arnulphs zur Gnüge erhellet. Ich sollte noch die dritte Anmerkung hersetzen. Wie ungern kome ich daran! sie betrifft ein Versehen/ welches unserem gelehrten und erfahrnen Hn. von Eckart entwischet/ (a) da er Rudolphen einen Fehler aufbürden wollte/ der in dem bestunde/ daß dieser Scribent Holzkirchen in Alemannien versetzet. Er thut ihm unrecht. Rudolph macht ja in seiner Reisebeschreibung zwischen zweyen Holzkirchen den deutlichsten Unterschied: und die Wege/ die er gemacht/ die Lage der Orte/ die er durchlaufen/ sein ganzes Tagebuch/ alles spricht für ihn. Hergegen bleibt Hr. von Eckart/ welcher hierinnen dem allgemeinen Schicksale der besten Geschichtschreiber unterlegen/ allemal der unvergleichliche Mann: sein Ruhm müsse sich in unserem Franken/ und durch die ganze gelehrte Welt noch eben so schön verbreiten/ wie zu vor. Nur in diesem Stücke lasse ich dem Rudolph/ als einem Augenzeugen/ Recht wiederfahren. Dieses rieser Holzkirchen war ein Theilchen des alemannischen Herzogthumes/ und der ganze Rieserpagus/ wo von Holzkirchen nur ein Gränzörtchen gegen den Sualafelderpagus zu gewesen/ war es auch. So muß er dann aus der nordgauer Karte. Er steht hier gar nicht wohl. ☞ Er ist schön weg. Ich sehe den bayerschen Nordgau in seinem natürlichen Umfange. Er hat doch viel von seiner akademischen Weitschichtigkeit eingebüßet. Ja/ sehr viel.

(a) Eckart T. II. Franc. Orient. p. 307.

Letzter Abschnitt.

49 §.

Ich hätte die Feder ganz getrost weglegen können / wenn ich nicht noch kürzlich die Gründe hätte untersuchen wollen/ auf welchen der Hr. Verfasser sein Nordgauergebäude aufzuführen sich einfallen ließ. Ich ersehe hauptsächlich zween Scribenten/ welche ihm bey Absteckung des Grundrisses die Hand geführet haben möchten. Der eine ist der Annalist von Hildesheim; der zweyte der sächsische Annalist. Der Hr. Verfasser las bey dem ersten (a): *Berengarius Rex cum Regina ejus Willa* in Bajoariam ad castellum Bavenberg *deductus.* Gleich nahm er den Annalisten bey seinem Worte / und schloß auf seine Verantwortung: also lag Babenberg in Bayern. Das heißt demonstriren!

Ein Schriftsteller/ dem die anderen alle widersprechen/ sagt: Babenberg liegt in Bayern. Gesetzt/ nicht zu gegeben! muß man denn diesem einzigen so leichterdings nachbethen? Dörfte ich nicht eher glauben/ der Einzige habe sich betrogen/ als alle andere/ die ihm am Ansehen nichts nachgeben/von gleichen Zeitläuften sind/und/da sie näher an den Orten waren/worüber man sich zanket/uns wohl richtigere Nachrichten liefern möchten? Sollte ich nicht dem Hildesheimer Annalisten einen anderen die Spitze bieten lassen/ nämlich dem Sachsen/ oder Ekkarden von Aurach selber/ den der heil. Bischof Otto von Babenberg zum Abbte von Aurach gemacht/ und der im babenbergischen Kirchensprengel gelebt; wo er auch seine Jahrbücher geschrieben hat? Von ihm hätte man eine Erläuterung derholen können. Er schreibt auf das Jahr 964 also: *Berengar cum Willa in Bavaria mittitur, & postmodum in castello Babenberch vitam præsentem finivit.* Da man nun oft genug ersehen / daß bey diesem Scribenten Babenberg allemal in Ostfranken steht/ (30 §) hätte mans leicht errathen können/ was er durch das Wörtchen *postmodum* habe sagen wollen. Nichts anderes/ als daß Berengar sichs habe gefallen lassen müssen/

G 2 erstlich

etstlich zwar in Bayern; (welche Provinz näher an Wälschland gelegen) nachmals aber (*postmodum*) in Ostfranken/ welche Landschaft weiter von seinem Reiche entfernet war/ zu verreisen; wo er auch die Tage seines Lebens beschloß.

Es wären wohl noch andere Wege offen gestanden/ das Räthsel aufzulösen. Man hätte sich erinneren können/ daß es unter unsern geschicktesten Kunstrichtern für etwas sehr wahrscheinliches angenommen wird / der Annalist von Hildesheim / und der so genannte sächsische haben einander tapfer abgeschrieben; wenn sie nicht gar ein und der nämliche Scribent sind. Dieses zum voraus gesetzt: hat entweder der hildesheimer (wenn es je nicht selbst der sächsische Annalist war) oder sein Abschreiber/ aus schläfriger Unachtsamkeit/ die Stelle aus dem Sachsen gestümmelt ausgeschrieben / und dadurch viele andere auf Irrwege verleitet: oder es hat Effard/ der aus einem hildesheimer Mönche zum Abte des Kl. Aurach geworden / nachmals die Sache besser eingesehen/ und den Fehler/ der in den hildesheimischen Jahrbüchern gleichwohl stehen geblieben/ in der an rächer Schrift selbst verbessert. Vielleicht auch hatte der hildesheimer Scribent das Unglück/ daß er/ wenn er sich kürzer ausdrücken wollte/ gar ins Dunkle verfiel: und wollte etwa anderes nichts sagen/ als daß Berengar durch Bojarien/ wo er/ die Umwege zu vermelden/ durchziehen mußte/ nacher Babenberg gebracht worden. Denn daß dieser Ort ostfränkisch wäre/ konnte dem hildesheimer/ der ein deutscher Scribent war/ nicht unbekannt seyn; da es so viele andere/ seine Zeitgenossen/ so gut wußten/ und es in ihren Schriften allenthalben selbst sagen.

Will man auf den Fortsetzer des Regino pochen: mag man es thun. Was wird man aber erweisen? Dieser Scribent sagt nur/ auf das Jahr 964; daß Berengar in Bayern verschicket; und auf das Jahr 966/ daß er zu Babenberg zur Erde bestattet worden. Und Lambert von Schaffnaburg erzählet auf das Jahr 954/ daß Berengar auf dem St. Leonsberge gefangen/ und nebst Willa seiner Ehegemahl/ nacher Babenberg geführet worden. Das kann alles wahr seyn/ wenn schon der vertriebene König in Ostfranken sein Leben beschlossen hat. Man kann ja anderswo eine Zeit lang leben; anderswo sterben: man kann aber auch anderswo sterben; und anderswo begraben werden. Das hat seine Richtigkeit. Schreibt der Fortsetzer des Regino/ Berengar sey in Bayern verschicket worden; mag er dieses wohl von dem ersten Aufenthalte des vertriebenen Prinzen verstanden haben: wenn es je gewiß ist/daß er daselbst einen gehabt hat; und nicht
vielmehr

vielmehr durch Bayern/ gerades Weges nacher Babenberg geliefert worden ist. Sagt er/ Berengar sey zu Babenberg beerdiget worden; so mag er von dem zweyten Aufenthalte in seinem Elende/ und dem Orte seines Begräbnisses / geredet haben. Oder ists denn etwas so unerhörtes/ daß man den Vertriebenen mehrere Oerter zu ihrem Aufenthalte angewiesen hat? Lambert hergegen meldet von Bayern gar nichts/ und setzet Babenberg kurz um zum Aufenthalte des verwiesenen Königs an: woraus etwa gar zu schließen wäre/ Berengar habe nicht so fast in Bayern als durch diese Provinz/ in Ostfranken nacher Babenberg/ im Jahre 964 / in die Verwahr abgehen müssen; wo selbst er zwey Jahre darnach todes verblichen.

(a) Apud Leibnit. T. I. Scriptor. Brunsvic. ad A. 964.

✦xx✦xxx✦xxx✦xxx✦xxx✦xxx✦xxx✦xxx✦xx✦

50 §.

Der zweyte / der am Riße der neuen Karte arbeiten muste / ist der sächsische Annalist. Der Hr. Verfasser glaubt/ er habe auf das Jahr 1003 eine so überzeugende Stelle gefunden / daß er sich vor einer grosen Verwegenheit zu fürchten hätte/ wenn er es auf sich nähme/ einem so deutlichen Zeugniße zu widersprechen. Der Sachs schreibt so: *ad silvam Spechtesbart, qua Bavariam a Francia dirimit.* Da dieses Wort Spechtesbart eine so nahe Verwandtschaft mit dem Speßart hätte / könnte ihm nicht einmal ein Zweifel mehr aufstoßen.

Hätte ich die gegenseitige Meynung zu vertheidigen / würde ich der fränkischen Partey noch einen Knotten vorwerfen / der auch ziemlich verworren seyn sollte / und über dem sie sich lange genung aufhalten dörfte. Ich würde die akademische Muthmasung mit dem Ansehen des Regino unterstützen / und sagen / daß dieser Schriftsteller auf das Jahr 903 den speßareter Wald (bis über welchen hinaus Adalbert Graf von Babenberg Eberhards Söhne zuräk zu weichen gezwungen hat) auch Spechtesbart genannt hat; wie solches in den heutigen Auflagen des Regino zu ersehen ist. Wenn ich aber auch dieses thun sollte / würde ich darum den alten Nordgau bey seiner Weitschichtigkeit aufrecht erhalten können? würde man mir nicht mit guten Grunde einwenden können / daß entweder in die Abschriften des Sachsen ein handgreiflicher Fehler sich eingeschlichen;

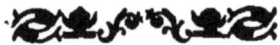

geschlichen; oder daß der Annalist auf das Jahr 1003 mit dem Worte Spechteshart auf keine Weise den Speßart hat andeuten wollen/ welchen er auf das Jahr 903 Spetiteshart hieß.

Und in der That muß der Schluß richtig seyn/ wenn ich kurz also folgere: Es ist gewiß/ und unläugbar/ daß selbst der sächsische Annalist Babenberg und Würzburg zu Ostfranken gezählet hat (19. 20. §§): so muß denn der Namen des Waldes in der Abschrift verfälschet worden seyn: oder der Scribent muß unter dem Worte Spechteshart ganz einen anderen Wald verstanden haben/ als den Speßart; einen solchen nämlich/ der außer den würzburgisch- und babenbergischen Gränzen näher an das nördliche Bayern stieß. Oder man müßte die ganze Schuld auf den guten Annalisten legen/ und ohne allen Grund behaupten/ er habe schier auf die nämliche Zeit Schwarzes und Weißes aus einer Feder fließen lassen. Denn auf das Jahr 1003 handelt er von dem Walde Spechteshart: und der Hr. Verfasser saget uns/ er rede vom Speßart/ der ans Maynzische stößt. Auf das Jahr 1007 aber setzt er Babenberg ausdrücklich in Ostfranken/ und sagt auf das Jahr 1116 von dem Bißthume Würzburg/ daß ihm der *Ducatus Franciæ Orientalis antiqua Regum concessione* zugestanden worden. So mußte er wohl ein anderes Gehölz in seinem Begriffe gehabt haben/ da er das Wort Spechteshart zu Papier brachte. Was für eines?

Die Sache ist für sich selbsten eben nicht aufgelegt. Doch nehmen wir die heutige obere Pfalz oder den alten Nordgau/ und Adelbolden zu Gehülfen: Sie sollen uns Erläuterung verschaffen. Dieser Bischof von Utrecht schrieb eben um das Jahr/ auf welches in dem Annalisten das Wort Spechteshart vorkommt/ und hiemit mehr als hundert Jahre vor dem Sachsen/ der sich der adelboldischen Schriften so vortheilhaft zu bedienen gewußt hat. Adelbold sagt auf das Jahr 1003: *Inde* (von Babenberg) *in Silvam Speicbeshart, qua Bavariam a Francia dividit, veniens post laborem expeditionis delectatione exercuit venationis. Ibi autumnavit: ibi ad recreationem sibi suisque jucunditatem plenam exhibuit* (a). Wie kann man mit einer größeren Wahrscheinlichkeit zum Werke gehen/ als wenn man sagt/ dieser Wald sey kein anderer/ als eben jener Speichesbart/ Speinheshart/ itzt Speinshart/ welcher in der itzigen oberen Pfalz/ dem wahren alten Nordgaue/ nicht weit von Crusina/ sich finden läßt? Dieses Crusina hat/ wie uns Adelbold berichtet/ Heinrich der

heilige

Heilige erobert / da er wider Heinrich den Jüngeren / oder Hezilo den Aufrührer/ Grafen aus Franken / und Markgrafen vom Nordgaue Krieg führete. In diesem Reviere stehet eine prämonstratenser Abtey / und man sieht noch ringsherum nicht nur kleine Gehölze / als die Ueberbleibsel eines grössern/ welches hin und wider ausgehauen worden; sondern wohl auch einen sehr dichten und weitschichtigen Wald / in dem eine Menge Brennholz für die herumliegenden Eisenschmieden gefället wird.

Diese Muthmasung hat das Glück/ daß sie selbst die alte und itzige Benamsung des Speinsharterwaldes nebst der Läge der Oerter und des Gehölzes / für sich aufweisen kann. Wer sie gelten läßt / kann auch mit dem schönen Zusammenhange eines ganzen Lehrgebäudes anstehn: er wird zeigen / warum der sächsische Annalist / und mit ihm so viele andere/ Würzburg / Babenberg / u. dgl. m. auf die ostfränkische Karte gebracht haben. Hält man zu diesem allen die Urkunde K. Arnulphs / in der er die ostfränkischen Pagusse bestimmet (22 §); wird sich das Ding erst recht entwickeln: es wird sich zeigen / daß unser itziges Frankenland sehr wenig von dem alten Ostfranken unterschieden ist / und daß es / wenn man einige Theilchen des eichstädter und nürnberger Gebiethes ausnimmt / niemal zum Nordgaue gehöret hat.

Auf solche Weise sollten wir eine viel geschmeidigere Nordgauerkarte zu sehen bekommen. Denn wenn man die Fürstenthümer Würzburg / Babenberg / Anspach / Bareuth / Koburg / Schwarzenberg: die Grafschaften Hohenlohe/ Seinsheim / Wertheim / Abenberg / und Limpurg und s. w: die Reichsstädte Windsheim./ Rottenburg u. a. m: wenn man einen Theil des oberreichsstädtischen Gebiethes; und endlich die Pagusse Sualafeld / Ries / und Brenzgau: wenn man dieses alles wegnimmt; muß sie zwar sehr gestuzet aussehen: der alte wahrhafte Nordgau aber wird dennoch weitschlichtig genung verbleiben. Er wird sich immer von den eichstädter Bergen / an den Rinnsalen der Altmühl / der Laber / der Nabe / und des Regens / durch die ganze Pfalz bis an den Böhmerwald erstrecken: und ein bayrischer Patriot kann sich nach dem Muster / welches ihm seine Akademie aus dem 6ten Werke von Virgils Hirtengedichten vorgeleget hat / noch immer über die Gränzen seines alten Vaterlandes verwunderen. Hat er ja nicht einmal nöthig / den Stof zur zärtesten Freude aus einem so grauen Alter seines Vaterlandes herzuholen: diese unter einem liebenswürdigsten Fürsten heute zu Tage blühendste Landschaft kann ihm genung verschaffen.

ſchaffen. Mir wird man es zu gute halten / wenn ich meine Gedanken über eine Schrift / welche ſich der Welt in öffentlichem Drucke gezeiget hat ; der Wahrheit zu Lieb niedergeſchrieben / und zu erweiſen mich bemühet habe / daß Frankenland niemals zum bayeriſchen Nordgaue gehöret hat. Der Hr. Verfaſſer bekennet / er werde ſich glücklich ſchätzen / wenn durch die Widerlegung ſeiner Sätze ein neues Licht für die mittlere Geographie ſollte angezündet werden ; und ich ſchätzte mich eben ſo glücklich / wenn ich es gethan hätte.

(a) Act. SS. T. III. Jul. p. 750. n. 40.

ENDE.